本书得到2012年国家自然科学基金“多渠道零售环境下研究型购买者的感知价值与渠道转换行为研究——零售商与购物者互动视角”（项目编号：71272247）的资助

经济管理学术丛书

B2C互动对渠道转换行为的影响

肇丹丹 著

Influence Research of B2C interaction to Channel Transformation Behavior

经济管理出版社
ECONOMY & MANAGEMENT PUBLISHING HOUSE

图书在版编目（CIP）数据

B2C 互动对渠道转换行为的影响/肇丹丹著．—北京：经济管理出版社，2017.6
ISBN 978－7－5096－5055－4

Ⅰ．①B…　Ⅱ．①肇…　Ⅲ．①网上销售—影响—购销渠道—研究　Ⅳ．①F713.1

中国版本图书馆 CIP 数据核字(2017)第 073391 号

组稿编辑：王光艳
责任编辑：高　娅
责任印制：黄章平
责任校对：王淑卿

出版发行：经济管理出版社
（北京市海淀区北蜂窝 8 号中雅大厦 A 座 11 层　100038）
网　　址：www. E－mp. com. cn
电　　话：（010）51915602
印　　刷：玉田县昊达印刷有限公司
经　　销：新华书店
开　　本：710mm×1000mm/16
印　　张：11.75
字　　数：193 千字
版　　次：2017 年 7 月第 1 版　　2017 年 7 月第 1 次印刷
书　　号：ISBN 978－7－5096－5055－4
定　　价：58.00 元

前 言

近年来，随着电子商务与多媒体交互技术的发展，依托于互联网实现的线上零售渠道逐步完善。线上零售渠道购物因具有不受时空约束、付款简捷、价格低廉、方便查询与对比等特点而逐渐成为消费者日常生活的重要组成部分。德勤与STORES Media联合发布的《2014全球零售力量》报告显示，全球十大零售商以及中国知名零售商（屈臣氏、苏宁、国美等）均已开拓线上零售渠道。传统零售商拓展线上零售渠道既可以跨时空向消费者推介产品，满足消费者需求，又可以扩大销售，加速产品与资金的流转速度。

就屈臣氏、苏宁等从线下零售扩张到线上零售的多渠道零售商而言，促使消费者在其线上零售渠道“浏览即购买”是增加市场份额与竞争能力的有效手段。但有些消费者并没有如零售商所期望的“浏览即购买”，而是在信息搜索与购买交易的不同阶段不断转换零售商或者转换渠道类型。实际购买时，消费者可能使用智能设备在“苏宁易购”移动终端浏览、搜集欲购买产品与服务的信息，可能在“国美在线”台式机终端浏览、搜集、对比同一产品与服务的信息，但却选择与前者不同的零售商或者线下零售渠道作为最终购买渠道。这些多渠道零售商都面临如何将消费者吸引至自身的线上零售渠道并促使其做出购买决策，以保证市场份额以及销售利润的问题。

“B2C互动”作为唤醒消费意识、促使消费者做出购买决策、有效支持关联销售的网络营销手段备受零售商重视。零售商在开拓线上零售渠道时试图通过高能效的B2C互动促使消费者在其线上零售渠道同时完成信息搜索与购买交易。但是，部分零售商受限于对线上零售渠道B2C互动技术、能力与效果掌控得不足，往往在采用何种B2C互动设计时犹豫不决；或是尽管完成了B2C互动设计与实施，却受限于对消费者使用线上零售渠道心态的了解程度，B2C互动并没有取得预期效果。对于大力拓展线上零售渠道的多渠道零售商来讲，如果消费者在使用线上零售渠道时不断地在信息搜索阶段与购买交易阶段转换零售商或者转换购买交易渠道类型，即实施渠道转换行为，既不利于稳定顾客群体，又可能导致销售利润受损。因此，有必要探索 B2C 互动对渠道转换行为的影响机制，并以此为突破口寻求将消费者保留在自身销售体系的解决方案。

学术界对 B2C 互动以及相关因素对消费者渠道选择或决策行为的影响予以关注。有学者认为，网站的易用性、响应性、良好界面以及视觉冲击等因素影响消费者使用意愿。有学者认为，B2C 互动能够通过影响感知价值或者通过影响信任的方式作用于消费者购买决策。但是少有学者探索 B2C 互动对渠道转换行为的影响并将感知价值与网络信任引入 B2C 互动对渠道转换行为的影响研究。探索 B2C 互动与渠道转换行为的直接与间接关系，既可较为深入地刻画 B2C 互动对消费者渠道转换行为的影响路径与潜在模式，又可丰富消费者网络购物行为的研究内容。

本书共分为四个部分。第一部分，文献综述。立足于“互动”研究与渠道转换行为研究现状，确定 B2C 互动对渠道转换行为影响研究的思路以及基本框架。第二部分，模型建构。通过相关理论分析，选取感知价值、网络信任作为中介变量，研究多渠道零售环境下 B2C 互动对渠道转换行为的影响作用，并引入实体店形象作为 B2C 互动与感知价值关系的调节变量，网络口碑作为感知价值与渠道转换行为关系、网络信任与渠道转换行为关系的调节变量，构筑多渠道零售环境下 B2C 互动对渠道转换行为影响研究的概念模型。第三部分，研究方案确定与实施。使用问卷调研的方式收集数据，数据整理与分析后，通过 SPSS 和 AMOS 验证研究假设。第四部分，研究总结。通过前三部分的结果与相关数据的整理与分析，得出研究结论以及管理建议、研究不足与研究展望。

通过问卷调查以及实证分析，本书验证了绝大部分假设，并得出如下结论：①B2C 互动显著负向影响渠道转换行为。②B2C 互动各维度（便捷性、信息共享、响应性、可浸入性）对感知价值（实用/享乐）的影响具有差异，便捷性显著正向影响感知实用价值，对感知享乐价值正向影响不显著；信息共享对感知价值（实用/享乐）正向影响不显著；响应性显著正向影响感知实用价值，对感知享乐价值正向影响不显著；可浸入性显著正向影响感知（实用/享乐）价值。③感知价值显著负向影响渠道转换行为。④B2C 各维度对网络信任的正向影响具有差异，B2C 互动的便捷性、响应性与可浸入性显著正向影响网络信任，信息共享对网络信任的正向影响不显著。⑤网络信任显著负向影响渠道转换行为。⑥实体店形象调节 B2C 互动的便捷性、响应性、可浸入性对感知实用价值的正向影响，实体店形象调节可浸入性对感知享乐价值的正向影响。⑦网络口碑对感知价值与渠道转换行为关系的调节作用不显著。⑧网络口碑对网络信任与渠道转换行为关系的调节作用不显著。

通过研讨，本书认为多渠道零售商需从消费者行为特征出发，通过建立或完善线上零售渠道的方式将消费者保留在自身的销售体系；应着重突出 B2C 互动的可浸入性设计，满足消费者多层次感知需求；应不断完善各个渠道“互动”设计的协同，全面提升互动营销效果；应共创价值网络，明确实体店与线上零售渠道的功能差异；应合理疏导网络口碑造成的“舆论”影响，通过“信任”的纽带维系与消费者之间稳定的“关系”。

本书的创新点：第一，构建了 B2C 互动对消费者渠道转换行为的影响机制模型。本书结合实体店形象对 B2C 互动与感知价值关系的调节作用，网络口碑对感知价值与渠道转换行为的关系的调节作用、网络口碑对网络信任与渠道转换行为关系的调节作用，综合分析了 B2C 互动、感知价值、网络信任与渠道转换行为之间的关系，探讨了 B2C 互动影响渠道转换行为的直接与间接路径。第二，提出了消费者渠道转换行为的测量方法。本书在借鉴相关成果的基础上，以拥有渠道转换行为经历的消费者为研究样本，提出了消费者渠道转换行为的测量方法并验证，为今后消费者渠道转换行为研究提供了一定借鉴。第三，深化了多渠道零售环境下线上零售渠道 B2C 互动的理解。本书通过对 B2C 互动相关研究的梳理与总结，从消费者感知出发，归纳 B2C 互动的内涵与外延，明确 B2C 互动对渠道转换行为影响的直接与间接路径，深化了多渠道零售环境下对线上零售渠道 B2C 互动的理解。

目 录

第一章
绪论

渐进革新的多媒体技术与不断完善的电子商务环境使消费者突破了时间与空间要素对购物活动的限制。线上零售渠道因具有使用便捷、信息丰富、信息来源多样等特点而成为消费者购买决策中信息搜索的重要渠道。消费者在使用线上零售渠道的过程中，通过搜索、对比不同零售商或是线下零售渠道提供的同一产品或服务的信息，结合个人需要、渠道属性等因素选择感知“所得”最大化的渠道作为最终购买渠道，转换信息搜索与购买交易渠道的行为频发。线上零售渠道不仅是消费者完成信息搜索或者购买交易的重要渠道，同时也是零售商品牌推介、形象推广、完备客户数据、建立顾客忠诚、实现消费者利益、保持市场份额、有效支撑关联销售、增强核心竞争力的重要渠道。大多数零售商已经认识到与消费者在多种渠道或者进行多种形式的互动是促使消费者做出购买决策的关键。同时，通过与消费者在线上零售渠道进行有效的互动，可以降低消费者转换信息搜索与购买交易渠道或者转换零售商发生的可能性。

第一节　研究背景

成为多渠道零售商是零售企业获得持续利润的有效保障。2002～2007 年，美国传统零售商年均销售额增长比率约为 5%，但同期多渠道零售商的年均销售额增长比率却达到 8%①。与此同时，标准普尔 500 指数（INDEX：GSPC）显示，

---

① http：//www. e－future. com. cn/cn/353. shtml.

普通零售商的股东平均投资回报率为8%，但是多渠道零售商股东平均投资回报率却能达到15%[①]。2011 年，波士顿咨询公司全球零售领域负责人表示多渠道零售比单一渠道销售利润高出 30% ~40%[②]。Next[③] 成为多渠道零售商后，销售利润逐年增加，2013 年净利润较上年增加 5.4%。当前，越来越多的传统零售商逐步建立线上零售渠道，据德勤与 STORES Media 联合发布的《2014 全球零售力量》报告显示，全球十大零售商（沃尔玛、特易购、好市多、家乐福、克罗格、施瓦茨、麦德龙、家得宝、阿尔迪南北商业集团联盟与塔吉特）以及中国知名零售商（屈臣氏、苏宁、国美、大润发等）均已开拓线上零售渠道，实施多渠道战略[④]。这些多渠道零售商都面临如何将消费者吸引至自身的线上零售渠道并促使其做出购买决策，以保证市场份额以及销售利润的难题。

一、现实背景

全球范围内，构建线上零售渠道已成为零售企业增强竞争实力，拓展销售市场的战略选择。英国零售商 White Stuff 推行多渠道战略，构建线上零售渠道后，截至 2015 年 5 月 2 日的上一财年中，线上零售渠道销售额同比增加 36.5%，线上销售额已占到总销售额的 25%[⑤]。

（一）线上零售规模稳步增长，B2C 市场增速迅猛

多渠道战略指导下的各类渠道以相互协调、相互支撑的衔接方式触动消费者，相互增加各自的能效（Tieman，2002）。特易购（Tesco）依据不同类型销售渠道的优势定位不同目标市场，各销售渠道相辅相成，2002 ~2007 年本土销售额增长率达到 10%，远高于 3% 的行业平均水平。同时，网络渠道的销售率（包括海外市场）增长率达到 29%。英国多渠道零售领军企业 Argos 拥有实体店、网络销售平台、移动销售终端和电话呼叫中心，其 2013 年销售额为 40 亿英镑，较上年增加 3%，其中营业利润为 1.1 亿英镑，同比增长 12%，企业的毛利润率达

---

① 王小燕，苏欣译．多渠道零售的规则［EB/OL］. http：//www. e－future. com. cn/cn/353. shtml.

② http：//roll. sohu. com/20110624/n311473515. shtml.

③ Next：英国零售企业，成立于 1982 年。

④ http：//www. phbang. cn/finance/corporation/143179. html.

⑤ http：//www. ebrun. com/20150724/142113. shtml.

到35.9%[①]。国美依托ERP系统，启动线上线下融合的供应链管理模式，经营效率得到有效提升。2013年上半年较2012年同期库存周转天数同比下降18天，销售收入增加10.17%，综合毛利率增加1.49%。相比于传统零售渠道，由网络渠道和移动渠道构成的线上零售渠道发展更为迅速。根据Custora和warc.com的数据显示，美国的电子商务销售额从2010年的22亿美元增长到2013年的428亿美元，增长率为1875%[②]。

根据中国互联网络信息中心数据显示，我国网购用户数量由2010年底的1.61亿人增长到2014年底的3.61亿人[③]。截至2014年12月底，我国网民中购物用户比率由上年的48.9%上升至55.7%，其中使用手机等移动终端的购物群体达到2.36亿人，增长比率为63.5%，是同时期线上零售渠道网购用户增加速度的3.2倍[④]。CNNIC的相关研究与数据显示，移动渠道并非是网络渠道的替代，而是移动电子商务环境中产生的增量消费。2014年中国网络购物交易市场规模数据显示，我国网络购物交易额约等于社会消费品零售总额的10.7%，年度线上渗透率首次突破10%。在未来的几年中，中国网络购物市场仍会保持27%上下的复合增长率[⑤]。从2014年我国网络零售增速来看，B2C市场的增长率为68.7%，远远高于C2C市场的35.2%。艾瑞网预测，B2C市场的交易规模比重将在2015年超过C2C市场[⑥]。虽然B2C零售市场增速迅猛，但研究B2C零售市场中如何增强消费者购买意愿的相关研究较少。

（二）消费者通过“B2C互动”了解线上零售渠道以及为之提供服务的零售商

传统零售环境中，消费者大多需要前往实体店，通过与销售人员的“人际互动”或者亲身“所见”、“所闻”、“所感”与“所知”完成产品与服务的信息搜集与整理，必须通过“身体力行”在实体店中完成“购买交易”的前期工作，因而消费者的购买决策极大程度上受到与销售人员互动效果的影响。由数字技术营造的虚拟购物空间——线上零售渠道凭借其在信息丰富性、内容时效性、使用

① http：//www.linkshop.com.cn/web/archives/2015/319158.shtml.

② 美国移动电子商务发展报告［EB/OL］.http：//b2b.toocle.com/detail－6185069.html.

③ 2013年中国网络购物市场研究报告［EB/OL］.http：//www.cnnic.cn.

④ 第35次中国互联网络发展状况统计报告［EB/OL］.http：//www.cnnic.cn/hlwfzyj/hlwxzbg/，2015－01.

⑤ http：//www.chinabgao.com/stat/stats/40801.html.

⑥ http：//report.iresearch.cn/html/20150201/245909.shtml.

便捷性等方面的优势，逐步成为消费者了解零售商或者产品信息的重要渠道。只要消费者不断提高自我效能，就可以通过“B2C 互动”的“所见”、“所闻”、“所感”与“所知”与零售商共同完成信息搜索任务。IBM 商业价值研究院（2011）的调研表明，消费者趋向于利用各种渠道比较零售商的服务。在做出购买决策前，92%的消费者会访问不同的网络商店对比价格，79%的消费者会查看不同网络商店的优惠信息，71%的消费者会使用移动电话进行价格比较，同时也有66%的消费者会使用移动电话确认目标实体店是否有货。2011 年底，使用两种及以上渠道了解产品信息的消费者约占全体网购用户的30.6%，这一比率截至2013 年底增加至58.2%，同时，在同一线上零售渠道中浏览三个及以上不同零售商销售平台的消费者占全体用户的比率由24.3%增加至54.4%①。“多渠道零售环境下研究型购物者的感知价值与渠道转换行为研究”课题组完成于2014 年9 月的调研结果显示②，我国使用移动终端、PC 客户端了解零售商或者产品信息的消费者占调查群体的96.31%。事实上，消费者也乐于参与“B2C 互动”，如评价获积分、抽奖、晒单等，乐于通过 B2C 互动了解线上零售渠道，了解不同的零售商，并通过在不同零售商不同零售渠道之间的渠道转换行为，实现自身收益的最大化。

（三）消费者在使用线上零售渠道的过程中渠道转换行为频发

线上零售渠道为消费者提供了突破时间与空间限制的购物方式，为消费者提供了更多、更有效的选择机会。但是，消费者的技术使用能力、消费时间、消费能力以及对线上零售渠道信息的判别能力有限。消费者面对线上零售渠道购物的风险性与不确定性，其决策难度较大。消费者或依据自身的消费经验，或依据参与线上零售渠道互动的具体效果，对线上零售渠道价值做出判断，并以此为出发点，做出进一步的行为决策。消费者可能使用智能设备在银泰移动终端、苏宁易购移动终端浏览、搜集欲购买产品与服务的信息，可能在国美在线台式机终端、苏宁易购台式机终端、飞牛网台式机终端浏览、搜集、对比同一产品与服务的信息，但最终却选择与前者不同的零售商或线下零售渠道作为购买渠道。2010 年底，我国网购用户中参与不同线上零售渠道互动的群体仅占全部的22.75%，而且仅有21.4%的消费者不在其最初浏览信息或者是参与互动的渠道完成购买行

① 根据2011 年、2013 年《中国网络购物市场研究报告》整理。

② 2012 年国家自然科学基金：多渠道零售环境下研究型购买者的感知价值与渠道转换行为研究——零售商与购物者互动视角，项目编号：71272247。

为，即实施渠道转换行为[①]。时至2013年底，我国网购用户中参与不同线上零售渠道互动的群体占全部消费者的52.5%，其中通过手机等移动设备实现互动的占全体的28.56%。同时，在移动渠道参与互动的消费者其渠道转换行为发生比率达到52.2%[②]。消费者在哪种情况下放弃特定线上零售渠道的使用，哪些因素促使消费者放弃一种特定线上零售渠道，转而使用其他，或者是消费者为什么放弃使用某一零售商的特定线上零售渠道转而使用其他零售商的线上零售渠道，其原因较难概述。

综上所述，对于零售商来讲，如果消费者在使用线上零售渠道过程中不断地实施渠道转换行为，既不利于稳定顾客群体，又不利于保持销售利润。因此，有必要以降低消费者于线上零售渠道的渠道转换行为发生可能性为出发点，探索有效降低消费者于线上零售渠道的渠道转换行为的影响因素。B2C互动是消费者接触并了解线上零售渠道或者零售商的重要方式。探索研究B2C互动对渠道转换行为的影响机制，将有助于零售商探寻降低消费者于线上零售渠道发生渠道转换行为的B2C互动策略，并制定将消费者保留在自身销售体系的互动营销战略。

二、理论背景

信息沟通技术（Information and Communication Technologies，ICTs）的突破性变革使得自助服务技术和即时交互技术在零售渠道的应用越来越普遍。多种销售渠道同时提供服务并没有减缓消费者信息搜索与对比的热情，或减少消费者信息搜索与对比的“耗时”。消费者反而越来越主动地多渠道尤其是在不同零售商的不同零售渠道获取产品与服务信息，并预期通过渠道转换行为获取感知“所得”的最大化。因此，有必要探索如何在消费环境演变和多媒体交互技术革新环境中在线上零售渠道维系消费者关系的有效途径，以及这种途径对渠道转换行为的影响。

（一）“互动”是影响消费者购买决策的重要因素

Murphy G. B. 和 Blessinger A. A.（2003）根据手段—目的链思想指出消费者需要凭借一定的手段达成最终的价值目的。按照此思想，消费者欲通过信息搜索、整理完成最优化或者最符合自身价值评断的决策就必须选择信息搜索、整理

---

① 根据2010年《中国网络市场调研报告》相关资料整理。

② 根据2013年《中国网络市场调研报告》相关资料整理，2014年《中国网络市场调研报告》未体现相关内容。

的途径。因此，通过与零售商互动交换产品信息就成为大多数消费者的选择。“互动”的过程是企业与消费者之间，企业与供应商、零售商之间或者与政府机构、第三方组织之间建立或者维系关系的过程（Leonard L. Berry，1983，1996；Jackson B. B.，1985；Morgan & Hunt，1994；Morgan & Hunt，1994；Gummesson，1990）。无论是线上零售渠道还是线下零售渠道，零售商与消费者积极有效的互动是提高“消费者满意”，促使消费者做出购买决策的有效方式。Wu（2006）以游客互动为研究对象，实证指出游客之间的志同道合（Evaluation of Fellow Customers）会产生较好的互动效果，会显著正向影响顾客满意度。Miao Zhao 和 Dholakia（2009）指出，不论是基于特征观视角还是感知视角，“互动”均可以作用于网购用户的信任、消费者满意以及其行为意愿。范晓屏（2009）将网络互动分为工具效用、社会效用和心理效用三个维度，并验证了不同维度的构成要素，通过结构方程模型验证了网络互动的三个维度对消费者的购买意愿均具有积极的影响。Weon－Sang Yoo、Yunjung Lee 和 Jung Kun Park（2010）通过实证研究，证明了在网络环境中，互动性通过影响顾客感知价值，进而影响顾客满意。郭国庆和李光明（2012）认为，存在于网络环境中的“双向沟通”或“互动”是提升体验感受与消费者满意的关键。周飞（2013）将网络社会互动分为在线评论、观察学习和信息搜索，通过 SEM 验证了三者对拉近消费者网站购买临场感的显著作用，并以此为基础，提出了渠道协同策略，认为零售商应提供更多的个性化和差异化服务，以及“精准营销”。周丹婷（2014）认为，社区互动的三个层次，如双向交流、顾客参与与联合解决均能通过影响感知价值的方式作用于消费者忠诚。毕达天（2014）以 B2C 电子商务企业和消费者之间的互动为研究对象，通过结构方程模型验证了两者之间的互动对客户体验具有正向的显著响应，并指出这种虚拟的互动通过带给消费者不同的体验效果进而影响其购买决定。

信息时代，“互动”是多媒体技术区别于其他媒体沟通技术的主要特征（Griffith & Chen，2004）。消费者与零售商之间，如此反复地进行由“信息发布”（零售商）—“点击”或者“触屏”（消费者）—“显示”（零售商）—“接纳”（消费者）完成的“互动”沟通。互动沟通中，每一次的“输入”与“输出”都会成为“大数据”的收纳内容。零售商通过专业化处理这些含有特殊意义的“数据”，可以更好地区分目标消费群体，更加有效地识别消费者的实际需求，更加有针对性地向消费者推介产品与服务，以便提高销售利润。同时，消费者也可以通过分类、整理这些具有特殊意义的“数据”，丰富自身的认知结构，并以此作为辨识零售商的基础资料。

（二）需探索影响线上零售渠道中作用于渠道转换行为的因素

国内外学者对消费者渠道转换行为给予了极大关注，认为消费者渠道转换行为的发生在于其是否得到物质价值或者心理利益。综合 Thomas Sullivan（2005），Xinlei（2008），Kauffman 等（2009），Chiu（2010），涂红伟、贾雷和周星（2011）等学者的研究成果，消费者的渠道转换行为大致可以表现为同一类型销售渠道中零售商的转换或是同时跨渠道跨零售商的转换。网络渠道出现后，消费者的购买行为在线下零售渠道与线上零售渠道之间的转换引起了学者们的关注，认为产品类型、线上与线下的价差、渠道转换成本以及情景等因素是影响渠道转换行为的主要诱因。随着网络购物市场的发展，消费者逐渐更加重视零售商信誉、渠道效能、第三方物流、支付与隐私安全等因素，消费者逐渐倾向于同时在线上与线下零售渠道搜索、对比欲购买产品与服务的信息，综合各种因素的影响后，选择感知“所得”最大的渠道作为购买渠道。近几年，移动购物方式逐渐成熟，手持智能终端在不同零售商的网购平台浏览、搜索与对比欲购买产品或服务的信息成为中青年网购用户的首选。

线上零售渠道的迅猛发展说明消费者热衷于线上零售渠道购物，但相关研究机构的市场调查却表明消费者在使用线上零售渠道的过程中渠道转换行为频发。随着互联网购物环境的逐步完善，消费者的信息接收与判断能力逐步增强，线上零售渠道的价格优势、渠道效能、感知风险、支付安全等因素对消费者渠道转换行为的影响力趋弱。因此，有必要探索线上零售渠道中作用于渠道转换行为的影响因素。

多渠道零售环境下，可供消费者选择的“互动形式”多样，消费者可以根据环境限制或者偏好选择不同的“互动环境”与“互动方式”。消费者在产品既定的情况下依据不同线上零售渠道互动状态以及由此而生的心理认知变化做出进一步的行为决策。不论在哪一种渠道中，当消费者感知难以参与互动或使用互动技术使用不便时，就会转换渠道。Moon 和 Kim（2001）研究新技术与使用者的接受行为之间的关系后，指出感知易用性比感知有用性更能影响个体对新技术的接受行为①。Yoo 等（2002）认为，影响用户使用网站的因素是浏览困难、延迟性高和断线频率高，当出现这些因素时，用户会产生放弃使用的意愿。Hernandes 和 Fresneda（2003）指出安全可靠的技术支持、较高的响应性和稳定

---

① Moon J. W. & Kim Y. G. Ex：Tending the TAM for a World Wide Web Context［J］. Information and Management，2001（38）：217－230.

性是网络在线社区成功的重要因素。Leimeister 等（2004）认为，网站必须向使用者提供高效、准确的信息，同时还要保证技术上的稳定性与隐私安全性，从而增强用户的使用意愿。Pui - Lai To 等（2007）认为 on - line 的网站必须具有访问的便捷性、安全性与隐私性、可靠性、响应性和灵活性等特质，网站可感知的便捷性与安全性等因素是影响用户使用的重要因素。Yong - Chan Kim 等（2007）研究指出，良好的界面设计（图片与文字的布局、视觉的冲击等）是影响使用者对虚拟社区满意度的重要指标，在没有良好信息交换与共享界面的前提下，用户将产生放弃使用的意愿。只有在可参与或者可使用的前提下，消费者才会继续完成购物活动或者参与互动，至于在完成“技术”与“任务”匹配后在整个“B2C 互动”活动中产生的体验、知觉，则会进一步作用于消费者的行为决策。

第二节　研究目的与研究意义

一、研究目的

B2C（Business to Consumer）通常指企业与消费者之间的网络营销活动[①]，是凭借互联网实现的直接向消费者销售商品或者服务的零售模式。不论是线上零售商还是多渠道零售商，零售商与消费者对“B2C 互动”的认知与定位并不一致。首先，零售商期望 B2C 互动过程是“说服”过程，是促使消费者做出购买决策的过程，实施购买行为的过程。消费者期望 B2C 互动过程是信息收集、对比与选择的过程。其次，两者对互动角色的认同不对等。零售商将 B2C 互动视为扩大知名度、提高销售率的过程，甚至纵容虚假宣传、消费误导。消费者将 B2C 互动视为学习的过程，会采取学习型应对与防御性应对的措施。零售商与消费者对 B2C 互动的不同认知与定位极有可能影响互动程度、效果或者是由互动引发的连锁效果。如果零售商忽视消费者对线上零售渠道的 B2C 互动要求，不能根据消费者实际需求设计并实施线上零售渠道互动策略，则有可能逐步降低对客户的控制权。因此，本书的目的之一即为诠释多渠道零售环境下 B2C 的互动内容。

---

① 陈玮，李穗豫，刘静．中国本土市场营销原理与实战［M］．广州：广东经济出版社，2010.

大多数消费群体由于个人因素、消费能力、消费经验以及情景等各方面因素的限制，没有或者较少地进行大量的、多渠道的信息搜索行为，也没有发生建立在多渠道信息搜索与对比行为之上的渠道转换行为。“现在没有”或者“极少”，不代表以后不会发生，一旦消费者的“主观能动”与“客观环境”相匹配，转换信息搜索与购买交易渠道的行为就会成为消费者的大众特征。对于零售商来讲，如果大量消费者出于各种各样的目的，在使用线上零售渠道过程中不断转换信息搜索与购买交易渠道或者转换零售商，不停地选择带给其最优感知价值或者是最信任的特定零售商的特定渠道，既不利于维持消费者关系，又会使销售利润受损。因此，本书的目的之二即探寻线上零售渠道中消费者渠道转换行为的影响机制。

二、研究意义

本书围绕线上零售渠道 B2C 互动以及消费者渠道转换行为展开研究，重点探索 B2C 互动对渠道转换行为的影响机制。研究结果将有助于零售商优化 B2C 互动策略，全面提高互动营销绩效。

（一）理论意义

第一，明确了 B2C 互动研究的脉络。线上零售渠道购物成为消费者日常生活的重要组成部分后，互动研究的焦点延伸至 B2C、C2C 环境，并取得了较为丰厚的成果。但是，学者们很少辨析线上零售渠道中销售互动的概念，致使 B2C、C2C 环境中的“销售互动”互有重叠与交叉。本书从相关研究成果入手，深入分析学者们的研究背景或研究环境，结合消费者心理与行为特征变化，指明了 B2C 互动的内涵与外延，明确了 B2C 互动的研究脉络。

第二，增补了渠道转换行为研究的不足。以往研究很少对渠道转换行为进行量化测量。本书通过文献收集、整理与总结，结合消费者使用线上零售渠道时与零售商互动的状态以及由此产生的心理变化，根据期望效用理论提出渠道转换行为的测量方法，增补了渠道转换行为实证研究的不足。

第三，丰富了消费者网购行为的研究内容。获取更大的物质价值或者心理利益是消费者渠道转换行为的主要动因。以往的研究多数探索客观因素，如渠道属性、产品类型、转换成本、支付方式、物流等因素对消费者渠道转换行为的影响，而较少关注消费者主观变化以及这种变化对渠道转换行为的影响。本书以线上零售渠道为研究平台，深入研讨线上零售渠道影响消费者渠道转换行为的主客观因素，如 B2C 互动、感知价值、网络信任等。本书在探索 B2C 互动与消费者渠道转换行为之间的直接与间接关系中，引入实体店形象①、网络口碑作为调节变量，较为全面地刻画 B2C 互动对消费者渠道转换行为的影响路径与潜在模式，丰富了消费者网络购物行为的研究内容。

（二）实践意义

多渠道零售商的销售渠道各有特点，各自的优劣势突出，导致消费者对各个渠道的感知价值存在天然差异。渠道感知价值的差异以及网络信任的不同促使消费者实施渠道转换行为。销售渠道固有的优劣势较难改变，消费者网络信任难以控制，零售商可通过有效的 B2C 互动增加消费者对线上零售渠道优势的感知与信任。本书通过对 B2C 互动对渠道转换行为的影响研究，揭示 B2C 互动与渠道转换行为的关系路径，从而为零售商完善 B2C 互动策略，提高互动营销绩效提供理论指导。

第三节　研究内容、研究方法与研究思路

一、研究内容

多渠道零售环境下，消费者获取产品信息的非实体渠道增多，空间增大，消费者对改变“信息不对称”拥有了更高的主动权（Van - Dijk 等，2007）。那么，零售商如何吸引消费者注意？如何与消费者进行有效沟通？如何改进或者完善“B2C 互动”效果，以期提升其对特定渠道的感知价值或者信任？本书将从以下两方面内容出发，展开 B2C 互动对消费者渠道转换行为影响机制的深入探讨。

（一）对多渠道零售环境下 B2C 互动予以诠释

多渠道零售环境下，渠道的多样性、易接入性为消费者创造了全天候的学习

---

① 受线上零售渠道的冲击，直复渠道的业务量锐减。自然科学（71272247）课题组调查显示，直复渠道作为消费者购买频次使用率最高渠道的比值仅为 1.84%。鉴于此，本书亦未考虑直复渠道的存在对线上零售渠道的影响。

与选择机会。线上零售渠道为消费者提供了优惠的价格，海量的、真实的产品信息，用户的实感评价，可替代商品之间的数据对比，等等。在线上零售渠道的操作过程中，消费者不再需要与雇员，或者与线上服务人员较少的交流就能获得线下零售渠道中与雇员互动的所得。

在B2C互动中，消费者关注的焦点从传统的获得目标产品使用价值延伸至获得情感满足，关注是否能够获得情感归属、尊重与自我价值。如果零售商无视消费者心理与行为在新环境下的新变化，依然按传统线下零售环境中的“互动”概念设计“B2C互动”，则有可能彻底丧失目标群体。为此，就需要从体验的角度，对建立在线上零售渠道的B2C互动做出重新定位，并根据消费者对互动的实际感受，进行B2C互动的阐释。

（二）B2C互动对渠道转换行为的影响机制

渠道转换行为可以被理解为某一种外在要素通过影响消费者自身认知的方式进而作用于其行为意愿，具体表现为消费者参与某一种销售渠道互动对渠道实际使用行为的影响。在使用线上零售渠道的过程中，消费者通过B2C互动了解欲购买产品或者服务的信息，或者了解为之提供服务的零售商，B2C互动的所知、所得、所感必然会作用于对渠道感知价值、网络信任以及是否渠道转换的行为或意愿。消费者感知价值的相关研究成果表明，最终影响消费者购买决策的不仅是零售商的实际销售策略与技术支撑，还包括消费者对其产品、销售策略与技术支撑的感知。同时，网络信任作为重要的因素，不仅是社会信任的重要组成，更成为电子商务、互联网金融等深层网络应用发展的重要社会基础①。因此，有必要以上述要素为基础，深入探索B2C互动、感知价值、网络信任与渠道转换行为的相关关系与影响路径，并以此构建模型研究线上零售渠道中消费者渠道转换行为的影响机制。

线上零售渠道与线下零售渠道相互影响。随着线上零售渠道购买的普及，消费者对实体店购物的态度极有可能迁移到对线上零售渠道价值的感知。口碑是影响消费者决策的重要因素，网络口碑是线上零售渠道传递视觉信息的重要线索，在消费者对线上零售渠道的感知价值或者网络信任初步形成后，网络口碑会将其他消费者的消费心得传递给消费者，修正消费者对渠道转换行为的决策意愿。因此，有必要将实体店形象与网络口碑作为调节变量引入线上零售渠道中消费者渠

① 第35次CNNIC报告第六章：个人互联网应用状况，http://tech.qq.com/a/20150203/037842.htm。

道转换行为的影响研究。

综上所述，本书将构建 B2C 互动对渠道转换行为的影响研究模型。通过探索 B2C 互动对渠道转换行为的直接影响，感知价值在 B2C 互动与渠道转换行为关系之间的中介作用，网络信任在 B2C 互动与渠道转换行为关系之间的中介作用，实体店形象对 B2C 互动与感知价值关系的调节作用，网络口碑对感知价值与渠道转换行为关系的调节作用，网络口碑对网络信任与渠道转换行为关系的调节作用，明确 B2C 互动对渠道转换行为的影响机制。

二、研究方法

本书以 B2C 互动和渠道转换行为的相关研究为基础，结合体验理论、期望效用理论、信任理论和元认知理论提出假设。选取在线上零售渠道使用过程中转换过信息搜索与购买交易渠道的消费者，以其参与 B2C 互动的状态以及心理变化作为基础数据来源，通过实证研究探索线上零售渠道的 B2C 互动对渠道转换行为的影响机制。具体方法如下：

第一，文献研究。通过对国内外相关文献的归纳、整理与总结，了解研究现状、研究脉络，并确定本书的切入点；通过对与 B2C 互动、渠道转换行为、感知价值、网络信任、实体店形象和网络口碑等相关研究的总结，明确研究方向与研究内容；在明确相关概念的基础上，以 TAM、体验理论、期望效用理论、信任理论、元认知理论为基础，构建 B2C 互动对渠道转换行为的影响研究模型。

第二，问卷调研。通过问卷调研了解研究对象使用多渠道零售商线上零售渠道时对 B2C 互动状态的评价以及由此产生的心理变化对渠道转换行为的影响。问卷形成初期，通过与专家学者、预调研对象的访谈，保证问卷的科学性与操作性。为确保样本质量，通过小规模问卷预调研，校验问卷信度与效度，最终形成大样本问卷。

第三，量化分析。本书将采用 SPSS + AMOS 进行数据分析，数据分析技术具体包括相关分析、回归分析、T 检验、探索性因子分析、验证性因子分析、结构方程模型等。

三、研究思路

为达到探索多渠道零售环境下 B2C 互动对消费者渠道转换行为影响研究的

初衷，本书以四个步骤进行研究。第一步，文献综述。立足于“互动”研究与渠道转换行为研究现状，在现有成果中探讨，确定B2C互动对渠道转换行为影响研究的思路和基本框架。第二步，模型建构。通过相关理论分析，选取感知价值、网络信任作为中介变量，研究多渠道零售环境下B2C互动对渠道转换行为的相关作用，并引入实体店形象作为B2C互动与感知价值关系的调节变量，网络口碑作为感知价值与渠道转换行为关系、网络信任与渠道转换行为关系的调节变量，构筑多渠道零售环境下B2C互动对渠道转换行为影响研究的概念模型以及研究假设。第三步，研究方案确定与实施。使用问卷调研的方式收集数据，并进行整理与分析，通过SPSS和AMOS验证研究假设。第四步，研究总结。通过前三步结果与相关数据的整理与分析，得出研究结论以及管理建议、研究不足与研究展望。本书的技术路线如图1－1所示。

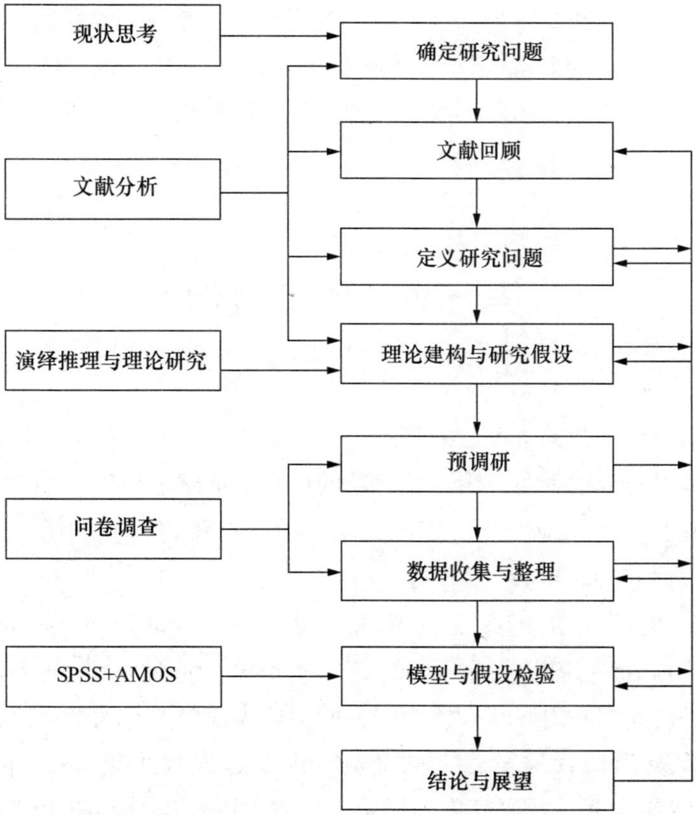

图1－1 本书的技术路线

第二章
文献综述

随着线上零售渠道的迅猛发展，国内外学者将消费者行为研究从实体环境延展至虚拟网络环境当中。由于线上零售渠道与传统销售渠道的属性、特征不同，影响线上零售渠道消费者行为的因素较传统环境更加复杂。本章通过对线上零售渠道消费者行为研究的回溯与总结，分别阐述 B2C 互动、渠道转换行为、感知价值、网络信任、实体店形象、网络口碑的相关研究成果，为研究模型构建奠定基础。

第一节　B2C 互动

销售互动始终是营销学关注的焦点之一。电子商务成为社会生活的重要组成部分后，零售商的营销手段不断更新，新的销售渠道随之出现，消费者购买方式或者购买渠道也发生相应变化。依此背景，学者们将销售互动研究延展至 B2C 环境、C2C[①] 环境（Jacobson，2006）。

通过文献梳理，与 B2C 互动相关的表述有“Sales Interaction”、“Sales Encounter”、“Buyer - Seller Interaction”、“Internet - Interaction”等。上述概念虽表述不同，但是其核心内容却大致相同，所指均为销售方与消费者之间建立在相关产品信息以及消费者决策之上的交流、沟通过程（Williams、Spiro & Fine，1990）。由于受研究背景及研究内容所限，学者们并没有特别将上述概念做明确

① C2C：Customer to Customer.

辨析，指明其内涵与外延，尤其是在电子商务研究中，将其大致归为“网络互动”、“在线互动”、“网络交互”，等等。本节在前人研究成果基础之上，将与网络互动、在线互动、网络交互和 B2C 互动有关的概念进行归纳整理，借以探究 B2C 互动的研究脉络。

一、互动与 B2C 互动的概念

新媒介或者新渠道产生后，互动形式的研究更加活跃（Lee Won Jun，2005）。因研究视角不同，学者们对互动的定义要点也不同。综合而言，互动研究的焦点在于以下两点：第一，如何于某一种特定介质上设计、实施互动（Rogers，1986；Neuman，1991；Novark 等，2000）；第二，互动对消费者行为的影响。

（一）互动的概念

本书根据 McMillan 和 Hwang（2002）的分类方法①，将互动概念归纳为过程观界定、结构特征观界定和感知观界定。

1. 过程观界定

Envas（1963）认为，互动是销售人员与销售者双向沟通的结果。互动的结果取决于互动参与各方而不是某一方，互动绩效研究必须采用全程跟踪的方法。但是，由于此种方法过于复杂，Envas 本人也未能进行实证研究。Sheth（1976）建立了全面系统的互动研究模型，认为互动的核心是沟通（Slodow & Thomas，1984；Williams、Spiro & Fine，1990），交易的有效性在于互动各方的沟通内容与风格。认同过程观的学者认为互动各方是同等重要的，并在特定情景中形成互动效果，如表 2 – 1 所示。

20 世纪 90 年代后期至今，互动技术通过营造双向的、即时的、无时空障碍的信息传播渠道以及信息获取方式改变了消费者传统的信息接触环境。由于互动的“媒介”增加了新内容，如“BBS”、“虚拟社区”等，学者们更加关注“媒介”变化对“互动”形式与特征的影响。

---

① Sally J. McMillan & Jang – Sun Hwang. Measures of Perceived Interactivity：An Exploration of the Role of Direction of Communication，User Control，and Time in Shaping Perceptions of Interactivity［J］. Journal of Advertising，2002，31（3）：28 – 42.

表 2-1 基于过程观的互动定义

学者	年份	定义	核心要素
Weitz	1981	互动形成于在互动双方的共同作用	共同作用
Rafaeli	1988	互动就是信息交换双方的沟通过程	双方沟通
Williams、Spiro & Fine	1990	互动的关键在于互动双方的行为而不是销售人员对顾客实施销售策略	双方行为
Miles	1992	互动是信息接收者对信息发送者的反馈过程，其本质为交换	反馈
Pavlik	1998	互动的过程是互动参与方双向沟通的过程，是个人对特定事物、特定情境的特定放映，包含对环境、目标以及其他相关事物的应激反应	双向沟通
Massey & Levy	1999	互动是以计算机等机器为工具，通过参与者与媒体人员之间的意见和信息的交换、讨论，并产生新内容的过程	交换
Mark	2005	互动是为满足自身需要而进行信息交换的过程，或者是双方感情沟通的过程	交换
Ruth Bolton & Shruti Saxena - Iyer	2009	互动是通过顾客与企业（客观环境、销售环境和销售人员）在交换活动中创造价值的过程	交互
Tina J. & Dietmar	2013	交互是使用操作系统进行信息搜索的过程	交互
曹维	2007	互动是用户将信息处理后，相互传递并交换意见，以求得到符合自身需求的回应	传递、交换
梁静	2010	互动是销售人员或者消费者为了达到自身的既定目标，在销售过程中各自采取不同行动的过程	交互

资料来源：根据相关文献、资料整理。

2. 结构特征观界定

认同结构特征观的学者强调互动中的一般特征，如使用者控制和双向沟通。

20 世纪 80 年代，学者们认为“互动”是信息沟通与处理的手段。如 Garey（1989）指出互动就是主体之间沟通的技术手段，互动媒介是提供人与人之间借助电子化工具进行沟通，以及模拟人际交换的人与机器相互作用的各种技术；Zark（1993）认为，互动是参与者根据自身需要，动态选择信息，并进行处理、整理和格式化等；Ha & James（1998）指出娱乐性、选择性、交互性是互动的特征，而这种特征都由网络互动平台搭建方提供。

近年来，学者们开始关注零售企业线上渠道的互动特征，包括搜索特征、智能代理、知识共享等（Aikat，2008）。如 McMillan（2000）指出虚拟平台互动具有 13 个主要特征，包括注册形式、邮件联系、评论形式、聊天室、搜索引擎等；Lombard & Snyder－Dutch（2001）指出互动是媒体的一种特征，而不是主体自发产生的，用户通过 BBS 等虚拟环境进行交流互通；范晓屏、马庆国（2009）认为，网络互动维度是互动场所、互动特征、互动内容与互动方式；张若勇、刘新梅、王海珍等（2010）基于组织学习的视角，将顾客—企业互动解构为合作生产、顾客接触与服务定制，通过对我国三省 231 家服务企业进行问卷调查，实证指出顾客—企业互动通过正向影响组织学习的方式提高服务创新绩效，同时，创新氛围对这种促进作用起到调剂作用，如图 2－1 所示。

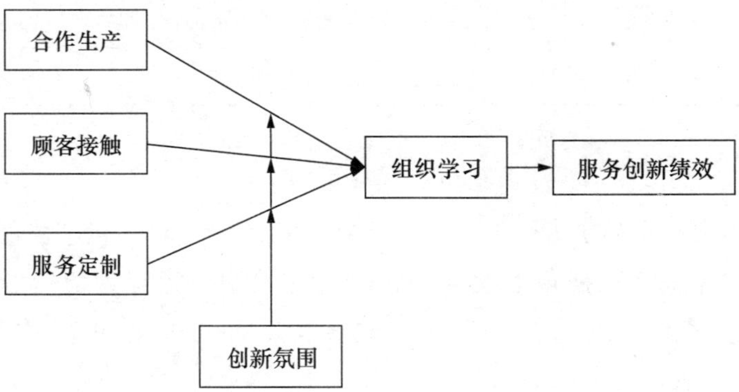

图 2－1　顾客—企业互动对服务创新绩效影响的研究模型

认同结构特征观的学者诠释了销售方特征对互动或者对销售业绩的影响，认为销售方对顾客的适应性是互动的核心。但是，当前的市场环境以消费者购买为主导，消费者态度与应激反应才是决定交易能否成功的关键。因此，从消费者感知视角探讨互动则更加合适。

3. 感知观界定

20 世纪初，学者们更加关注“消费者体验”对行为的影响，“互动”研究更加倾向于消费者“感受”与“体会”对行为结果的影响，如表 2－2 所示。

表 2-2 基于感知观的互动定义

学者	年份	定义	核心要素
Newhagen	1996	互动是数据发送方与数据接收方之间的关于接收程度的心理感觉	心理感受
Kiousis	1999	互动是消费者感知到的仿真的人际沟通效果，以及意识到远距离角色体验的程度	感知效果、体验程度
McMillan	2000	互动在于消费者对体验度、双向沟通度和参与主动性的感知，并根据感知的结果对各要素进行排序	感知结果
Lee	2003	互动能够影响消费者对网站的态度，而且经过进一步的研讨，认为感知互动性与消费者对网站的态度成正比	互动影响态度
Bucy	2004	互动来源于消费者对网上媒体的感知体验	感知体验
Ko	2005	互动是消费者通过广告信息、广告主或者与其他消费者积极互动而深入到广告中的程度	浸入程度
唐嘉庚	2006	互动性是导致消费者对在线供应商信任态度改变的前置变量	互动影响态度
程振宇	2013	网络互动包括网络使用者之间的信息交流与情感交往	信息交流与情感交往

资料来源：根据相关文献、资料整理。

认同感知观视角的学者强调个体怎样感知和经历互动。和过程观与结构特征观相比，建立在感知观视角下的互动将研究对象始终定位为消费者，而不是媒介，互动是顾客的最终选择，互动是顾客特征而不是媒介特点（Schumann、Artis & Rivera，2001）。

基于以上的分析与总结可以发现，过程观互动研究是对信息交换的探讨，是建立在沟通层面上的分析；结构特征观互动研究是对互动媒介特征的分析，而不是对互动成员本身特征的研究，结构特征是技术创新和网站功能形成的互动能力因素，是互动的客观属性；感知观互动研究更加重视互动中的体验感受，认为消费者对于互动的感知基础是沟通的效果、用户的技术任务匹配度，认为这种感受能够影响消费者决策，而且，感知观的互动研究建立在互动过程、互动媒介与特征之上，在此平台之上产生互动感知或者愉悦体验。通过文献归纳与总结，可以发现相关学者并没有对当前环境中建立在多媒体交互技术之上的“互动”做出明确界定，但是却表达了消费者对零售商互动设计的反应倾向与状态，同时，学者们也普遍认同“互动”的核心是“双向沟通”（Two - way Communication）（Envas，1963；Sheth，1976；Slodow & Thomas，1984；Rice，1987；Blau，1990；

Williams、Spiro & Fine，1990；Sudweek，1997；庄贵军等，2013；凌黎、庄贵军，2015)，“互动”的效果可以影响消费者的行为或意愿。

（二）B2C 互动的概念

传统的、实体环境或者线下互动发生在直接的、面对面的个体与个体、个体与群体，或者群体与群体之间，有些学者习惯上将其称为“直线式”互动。管理学、营销学应用相关互动理论，探讨了“销售互动”、“客户关系互动”、“消费者—企业互动”、“消费者—销售人员”等多种不同议题，并取得丰厚成果。电子商务出现后，学者们从不同视角研究了“互动”的特征、属性，并试图分析“互动”效应。

1. 定义

现代的、虚拟环境或者网络环境互动已经突破时空的限制，可以凭借各种媒介而进行。学者们从计算机技术、信息技术、传播学、营销学和管理学的角度进行对互动的界定。但是，在界定的过程中，并没有考虑互动发生的环境、互动的参与主体以及互动的背景与诉求等，致使“网络互动”、“在线互动”、“虚拟社区互动”、“网络交互”、“B2C 互动”等概念互有交叉。

Bonner（2010）认为，互动就是双向交流、顾客参与和联合解决问题的过程；Rajan 等（2010）认为，互动是由零售商接受并推广的信息传播沟通；林建忠、郑若娟和姜红波（2011）构建了客户互动管理的概念模型，指出客户与企业的互动不仅是简单的信息交换，而且包括双向互动、客户体验、员工促进、组织改善四项基本内涵；范晓屏（2013）指出，互动是消费者在服务生产和传递过程中与服务提供者发生的交互；庄贵军等（2012）认为，网络交互技术是建立在互联网基础之上的各种交互技术、工具或平台，其包括电子邮件、即时通信、网络手机、网络社区、博客、微博、GPS 导航系统、云计算和物联网等；Jasmin & Kenneth Le（2015）认为，互动是 B2C 环境中零售商与消费者因相互理解而共同创造价值的形式；赵宏霞、王新海和周宝刚（2015）认为，在线互动通过向顾客发送信号的方式影响其对商家的信任态度。以上传统销售环境的“互动”定义是在线零售环境中类似于“销售互动”的定义说明，销售互动的主体是零售商与消费者，零售商通过技术支持或者人员服务为消费者提供“双向的”或者“即时的”沟通环境，零售商与消费者的双向交流与沟通实现价值共创。客户互动管理的概念模型如图 2－2 所示。

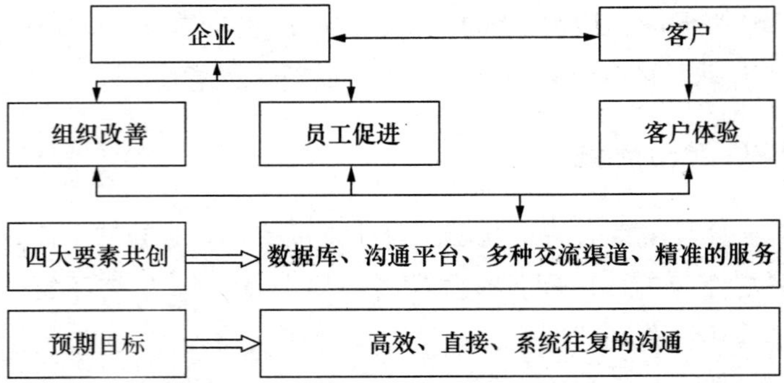

图 2-2　客户互动管理的概念模型

资料来源：林建忠，郑若娟，姜红波．客户关系管理［M］．北京：清华大学出版社，2011.

由于时间与空间环境的限制，消费者乐于通过线上零售渠道搜集、对比欲购买产品或服务的信息，乐于通过线上零售渠道 B2C 互动对产品或者服务、零售商、某种销售渠道进行感知。线上零售渠道 B2C 互动主体是零售商与消费者，零售商与消费者在有利可图的前提下，与对方交换关系要素，并调整自身能力与所持资源，以适应利益相关者需求的行为。简而言之，B2C 互动是零售商与消费者在线上零售渠道双向沟通中的信息交流与情感交往。在 B2C 互动过程中，消费者在"线上零售渠道"搜索并整理标的物信息的同时，享受并体验零售商提供的专项服务；零售商通过消费者"操作痕迹"的整理，推断消费者的偏好或者消费习惯。消费者与零售商通过 B2C 互动相互调整、适应对方的技术特征，并通过 B2C 互动效果评价、反馈对方的行为习惯，在实现自身价值的同时完成价值共创。

2. 属性

社会学认为互动是人类生活中最基本的现象。互动包括各种各样的形式，语言的与非语言的、正式的与非正式的、有组织的与无组织的、传统的与现代的、实体环境的与虚拟环境的、线上的与线下的，等等。一般来讲，基于社会学、心理学的"互动"研究成果较多，并从"过程"与"角色"的角度探讨"互动效果"。

除此之外，Kirmani & Campbell（2004）将互动分为市场关系与非市场关系。虽然人与人之间的关系在社会学中有多种分类，诸如建立在社会属性上的兄弟关系、姊妹关系，建立在情感属性上的朋友关系、情侣关系，等等。但在经济管理研究中，学者们普遍不将其纳入研究范畴，因此本书将其统一归纳为非市场关系。市场关系与非市场关系的区别在于是否存在“等价交换”（庄贵军，2004），同样，市场关系互动与非市场关系互动的区别也就在于互动参与方是否涉及了直接的利益诉求。据此，可以认为市场关系互动与非市场关系互动二者交换的信息性质与互动的目的是各不相同的。市场关系互动注重由互动所引发的感知价值变化是否可引致自身经济利益的最大化，或者注重自身消费经验、对产品或对零售商认知程度的提升，因此可能会涉及技术任务匹配、博弈等。非市场关系互动则注重感性信息与经验的交流获取，注重非经济关系的维系。

正如前文所指，B2C 互动的核心要素是“双向沟通”，消费者通过 B2C 互动效果改变自身的态度或决策，零售商通过 B2C 互动效果调整销售策略或者手段，那么，基于传统的以及 Kirmani 和 Campbell 的分类标准，B2C 互动应是建立在市场关系之上的互动形式之一。

二、B2C 互动的类型

习惯上，学者们依照参与对象的不同将互动划分为“人机互动”与“人际互动”（Rogers，1986；Hoffinan & Novak，1996；Massey & Levy，1999；Coyle & Thorson，2001）。随着互动环境、互动技术与互动媒介的发展，虽然零售商与消费者在线上零售渠道中实现 B2C 互动的内涵与外延有了新的变化，但传统的人机互动与人际互动分类方法依然适用，只是在实现方式上与传统意义上的理解稍有不同。除此之外，学者们还从消费者心理/使用习惯以及 B2C 互动的特征出发，提出 B2C 互动的类型划分标准。

（一）两分说

依照参与对象不同，B2C 互动可以分为人机互动与人际互动。人机互动（Human – Computer Interaction 或 Human – Machine Interaction，HCI 或 HMI）是人与操作系统的互动，多指 B2C 互动平台内容的可参与性。人机互动围绕“物质—信息—创造—价值”的逻辑展开①，其具体形态具有物质现实性、信息主导性、智能创造性和精神共生性的特征。现代信息技术的发展使“机器”的涵盖

① 谢玉进．理解网络：基于对人网互动特征的认识［J］．电子科技大学学报（社会科学版），2014（1）：91 –96.

范围逐步扩展，个人手持移动通信设备、数码设备、ATM、电脑电器，甚至是机械设备都成为人机互动的可实施方。孙皓琼等（2011）指出，人机互动已经从“屏内”扩展到“屏外”，而且在人机互动的过程中尤其要注意“人”的操作心理与习惯。人际互动是社会生活的基本形式（郭强，2004），多指消费者在 B2C 互动平台上通过 BBS、聊天室、会员专区或留言板等，与其他交流者沟通或者讨论。人际互动是个体与个体、个体与群体之间的交流与沟通，即使是个体单独行动，匿名的或者抽象的“他者”也是客观存在的，所以“共同在场”就成为人际互动的特征之一。随着网络数据联通与处理功能的增强，人际互动不再受时间与地域空间的限制（Ramani & Kumar，2008）。个体与群体之间凭借网络进行开放、自由的交往（曹德元，2011）。何威（2011）指出即使用户之间的某一条“互动”通道被堵塞了，还是可以通过 Blog、E-mail、即时通信软件、BBS、手机和会面等方式保持人际互动。日本心理学家池田谦一在《电子网络的社会心理》中指出，电子通信能够突破时间、空间与社会的“篱笆”……纯粹以“信息之缘”构建个体之间的关系成为可能。所以，在网络时代，人际互动是人类社会在信息技术和网络技术促进下崭新的人际交往实践形态，是一种追求共在、关注共享、追求公共性展示与应用的网络交往实践活动（吴满意、廖子夏，2012）。

正如 Steuer（1992）所述，人机互动多属于应激性沟通，是改变互动平台环境和互动内容程度的技术性互动。人际互动更加关注对真实环境中情景的模拟，让互动的参与主体能够同时讨论、交换意见，更注重参与主体精神的交流，应是一种高层次的沟通（Rogers，1986）。

（二）四分说

1. 娱乐模式、信息模式、关系模式与转换模式

根据消费者类型，结合社区成员交流的目标与倾向的不同，Kozinets（1999）将虚拟社区互动分为娱乐模式、信息模式、关系模式与转换模式[①]，如图 2-3 所示。虽然 Kozinets 的互动类型划分更关注虚拟环境中人与人、人与群体的互动，但是，注重消费者心理需求，满足消费者物质与精神上的需要，是零售商必须实现的任务，所以，该分类方式对 B2C 互动的类型划分还是有一定的借鉴意义的。

① 曹维．基于虚拟社区的关系型互动对网络购物影响的研究［D］．杭州：浙江大学，2007.

沟通目标	沟通导向：个人的	沟通导向：社会的
自成目的	娱乐模式	关系模式
工具性	信息模式	转换模式

图 2-3　虚拟社区的互动模式

资料来源：Kozinets R. V. E - tribalized Marketing：The Strategic Implieations of Virtual Communities of Consumption［J］. European Management Journal，1999，17（3）：252-264. 转引自曹维．基于虚拟社区的关系型互动对网络购物影响的研究［D］．杭州：浙江大学，2007.

（1）娱乐模式。进入娱乐模式的消费者具有鲜明的目的性，在交流中倾向于个性化，在特定目标的指导下进入社区，如会员专区的抽奖、优惠券领取、玩游戏获奖励等。

（2）信息模式。进入信息模式的消费者具有明显的工具性，与进入娱乐模式的消费者大体相似，交流倾向较个性化。参与该模式的消费者大多为某项特定活动的热衷者或者浏览者，互动的目的主要是收集信息，如对比价格、衡量优惠力度等。

（3）关系模式。进入关系模式的消费者交流目标、目的明确，具有社会性倾向。参与该模式的消费者一般都是零售商的忠实用户，品牌依恋较强，如××网购平台的“钻石”用户。参与该模式互动的消费者基本上与零售商保持长期的、稳定的联系，同时他们也会在其他模块与其他消费者保持良好的互动关系。

（4）转换模式。进入转换模式的消费者具有工具性交流目标、社交性交流倾向。参与该模式的消费者对于互动主题或活动内容具有强烈的兴趣，对于零售商强力营销的产品具有较高的消费倾向。

2. 丰富内容、包装内容、虚拟社区、虚拟交易

依据沟通方向（Direction of Communication）和控制（Control）两个维度，McMillan（2000）选取四家同样介绍“竞走”的网站作为研究对象，探讨个体与网站的互动效果，并将网站互动分为四个类型，每个类型具有不同的互动特征①。虽然研究对象不同，但是其研究方法与研究结论对管理学、营销学实践具

① McMillan S. J. Interactivity is in the Eye of the Beholder：Function，Pereception，Involvement，and Attitude toward the Website［M］//M. A. Shaver. Proeeding of the 2000 Conference of the American Academy of Advertising. MI：East Lansing，2000.

有一定的现实指导意义。该研究中，McMillan 认为互动的特征有双向沟通（以及反馈）、控制、感知的地域归属性、同步性、搜索链接的动作和信息说服性。同时，该学者通过单向沟通、双向沟通和虚拟社区衡量互动程度，如图 2－4 所示。

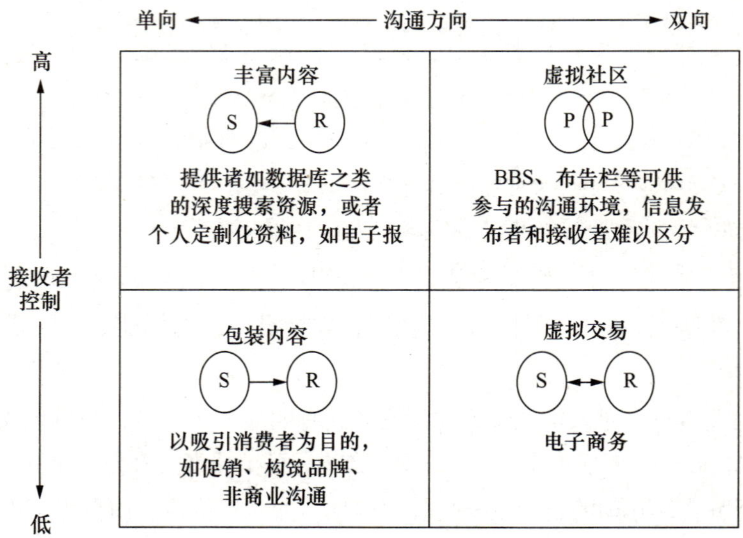

图 2－4　网站互动模式

注：S = Sender，R = Receiver，P = Participant（Sender/Receiver Roles Interchangeable）.

资料来源：McMillan S. J. Interactivity is in the Eye of the Beholder：Function，Pereception，Involvement，and Attitude toward the Website［M］//M. A. Shaver. Proeeeding of the 2000 Conference of the American Academy of Advertising. MI：East Lansing，2000.

单向沟通的 B2C 互动程度较低，包括“包装内容”（Packaged Content）与“丰富内容”（Rich Content）。“包装内容”与“丰富内容”在内容介绍上完全相同，而且只提供内容介绍。所不同的就是“包装内容”是发送者将信息单向传递给接收者，接收者只是被动接受，注重信息发送者对接收者的“说服”。“丰富内容”则是信息接收者掌握 B2C 互动主动权，接收者可以自由控制内容（使用发送者提供的资料库），可以自由地搜索、获取自己感兴趣的信息，注重信息发送者对接收者的“告知”。

双向沟通的 B2C 互动程度较高，实指虚拟交易（Virtual Transetion）。虚拟交易具有双向沟通、感知的地域归属性、同步性的特征（McMillan，2000）。虚拟交易中的互动主动权掌控在信息发送者手中，信息发送者与接收者并不能完全互换，信息发送者的主要目的是促使接收者或者消费者做出购买决策。虚拟交易中的同步性越强，达成交际的可能性越大。

虚拟社区的互动程度最高，包含了“双向沟通、控制、感知的地域归属性、同步性、搜索链接的动作和信息说服性”等全部特征。在虚拟社区中，信息发送者和接收者较难区分，因为不论身份如何，在虚拟社区中均可以在此发表意见、分享感受，如知名购物网站中的会员专区。

研究表明，零售商与消费者参与互动的积极性越强，合作性越好，则 B2C 互动效果越好，零售商既可达成提高品牌知名度与转化率、吸引潜在消费者的目的，又可以为消费者提供增进了解、增加附加价值与投诉抱怨的平台，实现与消费者的有效交易，并将其保留在自身销售体系的最终目的。在这种双向的“交流与沟通”中，零售商的主动性与积极性往往极大地影响 B2C 互动的实现效果，零售商在 B2C 互动技术、互动内容、互动层次或者互动体验的“主动作为”将极大地影响消费者的参与意愿或者效果。

三、B2C 互动的框架

与普遍意义上零售商与消费者之间“销售互动”的内涵大致相同，B2C 互动也是零售商与消费者之间“双向交流与沟通”的过程，只不过实现环境被限定在线上零售渠道。对于 B2C 互动框架的研究较少，本书将与“B2C 互动框架/模式研究”相关的文献进行整理，得出后续研究的出发点。

美国芝加哥学派的 R. E. 帕克和 E. W. 伯吉斯主张把“互动过程”分为四个阶段：竞争、冲突、顺应、同化。并非所有互动都要经历这种过程，只有双方利益上或认知上不一致时才有可能性，如不同文化的互动。贝尔斯的互动过程分析指出互动包括定向、评价与控制阶段。互动的各阶段往往伴随情绪因素，涉及工作任务领域和社会情绪领域；多人互动中，与谁、进行哪方面互动都有较强的选择性。该理论广泛应用在问题解决、角色发展、上下级交往等问题。达尔林普尔（Doug Dalrymple）将互动分为争取接触、交际和说服三个阶段，并指出销售人员在此三阶段的灵活性与应变性技能对客户互动管理有积极作用。

Olshavsky（1973）将互动分为三个阶段过程：适应阶段（the Orientation Phase）、评价阶段（the Evaluation Phase）和完成阶段（the Consummation Phase），消费者在每个阶段对信息种类与质量的需求各不相同。在适应阶段，是否需要信息、需要多少、种类如何，大多取决于消费者自身需求，信息的交换始于售卖人员的主动介绍或者消费者的直接询问。在评价阶段，双方的信息交换围绕产品而展开。在完成阶段，消费者对信息的关注焦点不再集中于产品属性，而是延伸至有关产品或服务的方方面面。

Weitz（1981）认为，互动效能是在互动双方共同作用下形成的。Slodow 和 Thomas（1984）研究指出，不论是销售人员还是消费者，对互动的控制水平都有三种形式：控制、平等和顺从，三者两两匹配的九种模式中，只有三种情况能够促成有效互动，即在关系一致情况下的一方顺从、一方控制和两两平等。Williams、Spiro & Fine（1990）从双向沟通和信息处理系统整合视角阐释了互动的内涵，认为互动的关键在于互动双方的行为而不是销售人员对顾客实施销售策略。

Wren & Simpson（1996）基于之前的互动模型提出了系统的整合模型，该模型由销售人员因素（个人特征、销售素质）、顾客因素（消费动机、购买中心结构和支付策略）、互动特征（关系和沟通）和互动结果（态度和业绩）构成。

Chen（2000）在服务质量、关系质量与顾客满意研究中将互动分为交互决策、传递、消费与反馈阶段，并指明了不同阶段互动内容的重点与互动形式的选择。

Ruth Bolton & Shruti Saxena – Iyer（2009）定义了不同技术环境中的企业—顾客互动框架，并认为顾客在企业创造并传递价值的过程中与企业的客观环境（包括技术）、销售环节和销售人员互动，如图 2 – 5 所示。

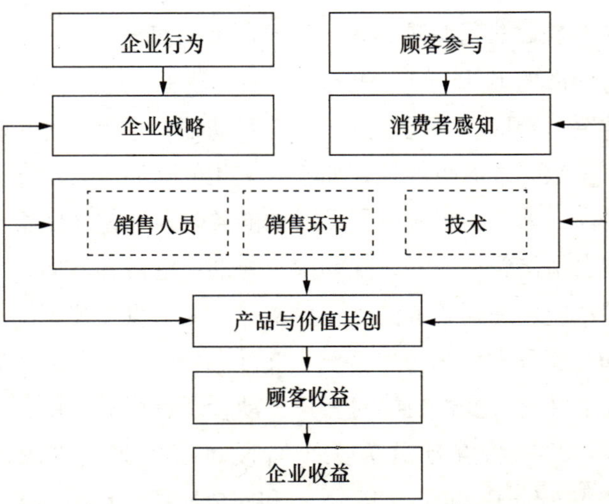

图 2 – 5　互动框架

资料来源：根据 Ruth Bolton 和 Shruti Saxena – Iyer 的互动框架图整理。

梁静（2010）认为，不论是销售人员还是消费者，为了达到自身的既定目标，在销售过程中各自会采取不同的行动，同时借鉴 Weitz 等学者的研究成果，形成销售互动模型，如图 2 –6 所示。

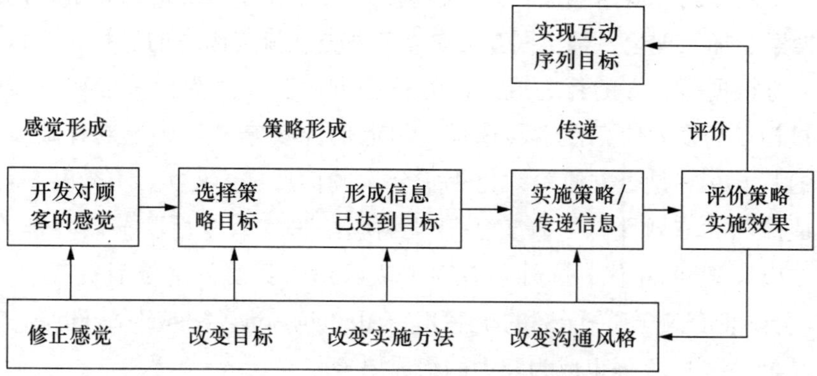

图 2 –6 销售互动模型

综上所述，与 B2C 互动相关的互动框架范围较宽，适用性较强，通用性较高，既可以指销售人员与消费者之间的互动，也可以指企业与消费者之间的互动，使用其分析线下渠道互动理所当然，使用其分析线上互动也无可厚非。学者们构建的模型或者框架不论形式如何，参与实体如何，互动的关键仍为“双向沟通”，这一点在上文中 B2C 概念与类型的探究中也得到了佐证。

传统上，人们认为互动是参与者应变、角色交换以及关系转换的能力（Rice & Love，1987），是沟通与信息的传递（Rafaeli & Sudweek，1997）。随着网络信息技术与媒体传播技术的更新，互动尤其是 B2C 互动的研究框架应该有所延伸，不应仅仅从知觉刺激、信息组合与传递或者评价反馈等阶段入手，不应仅从技术角度设计研究 B2C 互动的框架，应从多渠道零售环境中消费者的心理与行为特征出发，从“被关怀、被认同和被尊重的需求”（Hsieh & Chang，2004）角度，从消费者感知或者体验的角度设计研究 B2C 互动的组成要素（Park，2012）。

四、B2C 互动体系要素

以“网络渠道”为载体的“互动”拥有其他渠道互动不具备的优势①，如跨越时间、空间限制，双向响应性，“临场感”，等等。不论是社会学、传播学还是信息搜索与加工理论，都认同互动是参与各方交流与沟通的过程，在这个过程当中，一方根据另一方的行为或意图修正己方应变。消费者参与某一渠道“互动”的最初目的多为信息搜索与选择，判定是否参与“互动”或者做出“购买决策”的基点在“是否方便”、“是否安全”、“信息是否真实、有效”，等等，因而“便捷性”、“有效性”、“真实性”、“响应性”、“安全性”等内容是“互动”的要素。20 世纪 90 年代，国外学者逐步认识到“互动”给予消费者的自主权、“乐趣”会降低其对产品价格的敏感度（Marmorsetin、Grewal & Fihse，1992），因而“互惠”、“畅”等也成为互动的组成要素。

随着销售渠道的增加以及消费者购买能力的增强，零售商需要在与消费者维系关系的方式上不断创新。正如 Sheth 和 Parvatiyar（1995）所述，促使消费者维系营销关系，参与与零售商之间的连续性互动，关键在于从消费者感知视角设计互动的组成要素。学者们普遍认同 B2C 互动不是单一维度而是多维度的概念，并且从 B2C 互动的特征出发，从“状态”上描述 B2C 互动的具体组成要素。Heeter（1989）认为互动可以分解为以下六个维度：第一，可获得的选择的复杂性（Complexity of Choice Avallable），具体指可供个体依偏好而选择传播信息的内容。第二，用户必须付出的努力（Effort User Must Exert）。个体预期获取的越多，投入的努力程度越强，互动的效果越好。第三，对用户的响应（Responsiveness to the User），回应个体反馈的能力。第四，对信息使用的监控（Monitoring Information Use），调查个体偏好及需求的能力。第五，易于添加信息（Ease of Add Information），个体不再仅是信息的接收者，同时也是信息的发布者。第六，促进人际沟通（Facilitation of Interpersonal Conununication），使面对面沟通成为可能。

Borsook & Higginbotham（1991）认为，互动的维度包括即时回应、非线性信息处理（信息的丰度与操作的便捷性能够实现用户的跳跃性操作）、调适性（能

① 周飞．顾客互动与渠道协同绩效的关系研究——基于消费者渠道迁移行为的研究［D］．广州：华南理工大学，2013.

够满足不同类型用户的需求)、反馈性、选择权(用户对信息可自由操控的能力)、双向沟通和中断性(用户可随时中断操作)。

Ku(1992)以访问(Access)和控制(Control)为基础,研究了计算机媒介交流(Computer - mediated Communication, CMC)系统对通信效果的影响,在该研究中,互动的维度是反馈即时性(Immediacy of Feedback)、响应性(Responsiveness)、源的多元性(Source Diversity)、通信联通(Communication Linkage)、平等参与性(Equality of Participation)和终止能力(Ability to Terminate)。反馈即时性是指可收到反馈的时间。响应性是指后一条信息与前一条信息的关联度(Rafaeli, 1988)。源的多元性是指下一条信息与上一条信息的母体关联度。通信联通是指用户通过媒体相互联通的程度。平等参与性是指用户在信息操作过程中自由地、随时地发表见解的程度。终止能力是指用户自主中断操作的程度。

Hackel(1998)总结归纳了互动效应函数,认为互动效果受参与方数量与类型、偶发程度、交换的内容与频率、感觉卷入程度、认知卷入程度、同步性水平和卷入媒体类型的影响。

Ha 和 James(1998)认为乐趣性(Playfulness)、选择权(Choice)、联结性(Connectedness)、信息收集(Information Collection)和交互传播(Reciprocal Communication)是互动的维度。现代媒体技术改变了用户的视听习惯,用户可以使用网络和视听设备,增加自身的控制能力,提升自身的存在感与自信(Stephenson, 1969; Ha & James, 1998),游戏和娱乐也应成为用户检验互动效果的标准之一;赋予用户选择的权利能够提高用户对网站的亲和力,能够使用户产生被尊重的感觉(Pavlik, 1997),一旦感知自身被授权,用户会做出在网站较长时间停留的决定,选择权亦成为衡量互动的维度之一。用户可以透过互联网超越时空的限制与他人相连,因此,联结性即能否满足个人的信息需要并以此获取用户的信任就成为衡量互动的维度。满足信息需求,交换信息资源是个体参与互动的预期(Blattberg & Deighton, 1991),因此,信息收集就成为互动的必要维度。Ha & James(1998)指出,传统的互动媒介是单向的,而且是不期望用户反馈的,但是,由于网络互动是双向的,用户和网站设计人员的互动效果越好,信息传递与创造价值的能力越强,因此,交换传播也是互动的维度。

Burgoon 等(1999, 2000)认为,参与度、互惠性和个别性是互动的三个维度。其中,参与度是指个体在感知、情绪以及行动上参与互动的程度;互惠性衡量对互动对象的信息度与吸引力,如纽带感、同质感等;个别性是个体感知其他互动对象来历或者其他信息的程度。

Dholakia 等（2000）通过概念性研究探讨了互动与网站在访问之间的关系，并以当时的文献为基础，提出互动的六个维度，包括用户可控性、响应性、同步性、联通性、个性化和有趣性。其中，用户可控性衡量个体选择互动的内容、时间和顺序的便利度；响应性衡量对前期传递信息与后期信息的关联度；同步性是指链接反应或者沟通的速度，特别是指时间；联通性衡量视觉与知觉效果，包括衡量超链接、BBS、社区等因素；个性化是指根据个人能力制定消息的能力；有趣性是指娱乐性。

Liu & Shrum（2002）将互动维度归纳成活动控制、双向沟通和同步性。唐嘉庚（2006）将 B2C 环境下互动维度定义为感知有用性、感知易用性、双向性、响应性和互助性。毕达天（2014）将电子商务环境中企业与消费者互动维度解释为功能性、信息性、响应性与自主性。

综上所述，早期的 B2C 互动维度研究关注互动的机械性。近期，从感知角度定义"互动"（Wu，1999；Wu，2000），并将其进行维度分解受到了大多数学者的认可，在组成要素中增加了类似于"互惠"与"畅"的因素。当前，B2C 互动组成要素的研究逐步深化，日益清晰。虽然不断有新观点提出，但总结来讲，学术界对于"B2C 互动"组成要素基本达成共识。如 Heeter（1989）认为，互动的组成要素是对用户的响应、对信息使用的监控、易于添加信息、可获得的选择的复杂性、促进人际沟通、用户必须付出的努力，其后的学者在研究时或加大或减少这些指标对"互动"的解释能力，如感知有用性、感知易用性就是在原有基础上对信息使用的监控、易于添加信息、可获得的选择的复杂性的进一步解释。如果将 1998 年之后学者们提出的"B2C 互动"要素进行总结，可以发现，同 Heeter 的"互动"维度分解大体相同，大多指向互动技术水平、信息数量和质量与双向交流。学者们逐步认识到消费者参与互动时，往往注意的是更深层次的精神需求，如"乐趣"、"分享"等。同时，学者们在研究中也注意到了网络的不确定性（交易风险、信息的真实性、"水军"①，等等）对消费者购物意愿的影响。因此，在研究中增加了互惠性、乐趣性、服务承诺、一致性目标等要素。

① "水军"是指在论坛大量灌水的人员，是受雇于网络公关公司，以发帖、回帖为主要手段，为雇主进行网络造势的网络人员，有专职和兼职之分。http：//baike. so. com/doc/5966460 – 7570616. html。

五、本书 B2C 互动的维度

Michael R. Solomon 等认为，现代消费者行为研究的基本前提之一是“消费者购买某一特定产品除获得其使用价值外还能带来什么样的附加利益”。这一假设并不否定产品价值与使用价值的重要性，而是强调消费者在其他状况相同的情况下，选择与其使用习惯或者潜在需求一致的消费渠道或者对象。因此，对 B2C 互动维度的设计必须从消费环境限制、消费者心理需求以及使用习惯出发，结合零售商预设的销售策略与渠道属性，在零售商与消费者价值共创的基础上进行。

（一）维度划分

唐嘉庚（2006）在研究中初步细化了不同互动主体下的互动维度或要素，如“客户—网站互动”对应感知易用性与感知有用性，“客户—在线供应商互动”对应双向性和响应性，“客户—客户互动”对应互助性。范晓屏（2013）将网站的互动性解释为消费者在获取信息方面的便捷程度以及消费者在使用操控系统时是否能由自身控制信息呈现的时间长短以及呈现顺序。庄贵军等（2013）以五家应用网络交互技术与消费者进行有效沟通的企业为案例，从驱动因素、交互能力、交互策略、交互双方获取利益等方面分析网络互动技术和企业与消费者互动的影响作用①。鉴于此，本书将用来衡量个体与个体互动的维度、个体在虚拟社区中“角色”互动的维度，如互惠性或者互助性剔除，同时，虚拟性和匿名性是用户参与各种“网络互动”的共性，消费者已经习惯以此方式或者身份发表意见、表明态度，而且，在之前的研究中，学者们考虑的是虚拟性或者匿名性对 C2C 的影响，对社会资本（Tsai & Ghoshal，1998；Wang & Chiang，2009；周志民等，2011）、对公民行为（Johne & Storey，1998；Wu & Fang，2010）的影响。在 B2C 互动中，零售商据行业习惯，已经接受消费者匿名参与这一方式，消费者“匿名”并不会降低零售商对消费者的重视程度。B2C 互动时，零售商的信息是公开的，是非匿名性的，非虚拟性的，虽然也有零售商雇用“水军”优化自身信息，但是，消费者会理性地、自然地将其影响降到最低，而且，“水军”的影响应是“C2C 互动”的研究范畴。据此，本书也将匿名性、虚拟性的维度

① 庄贵军，李苗，沈璐，郭茹．网络交互技术的采用及其对企业与顾客交互的影响［J］．财贸研究，2013（3）：2-11.

暂时忽略。

B2C 互动的主体——零售商与消费者依托线上零售渠道进行互动，因此，前人研究中建立在衡量网站与消费者互动之上的维度，如感知易用性、感知有用性等，建立在衡量零售商与消费者互动之上的维度，如同步性、响应性等对本书的指导意义较强。将学者们最为常用的“互动”维度归纳总结，即衡量 B2C 互动技术的“便捷性”、衡量 B2C 互动内容的“信息共享”、衡量 B2C 互动中零售商服务质量与态度的“响应性”以及衡量 B2C 互动类型或者层次的“可浸入性”。

（二）维度定义

1. 便捷性

“便”，同“就”，实为“方便、便利”之意。在《说文》中，“便”被解释为“安也”，为从人之意。“捷”有“快、迅速”之意，《小尔雅》、《楚辞·离骚》中均将“捷”做“疾”之意。同时，“便捷”在《荀子·君道》中被释义为“灵活”，在《东周列国志》中被释义为“无阻、迅速”。随着信息技术与媒体传播技术的推陈出新，“便捷”经常被解释为“方便、快速、无碍”。

TAM 模型中，“感知易用性”被解释为“用户认为技术容易使用的程度”（Davis，1989），或者是使用者认为操作某个系统或者方法后省时省力的程度。Gefen（2003）指出 B2C 商务环境中，易用性是指消费者通过购物平台，浏览、使用购物平台是否方便，反映零售商对建立并维护消费者关系的重视程度。建立在多媒体交互技术上的“互动”是双向沟通技术。对于消费者来讲，零售商在购物平台或者特定渠道采用新技术后，消费者在操作中面对的难易程度会影响其对购物平台或者对渠道的感知价值，操作系统越难，消费者的学习负担越重（赵国栋，2012），可能会产生排斥心理进而产生放弃使用的意愿。由此可见，“便捷性”的核心是“简单、方便”。本书用“便捷性”衡量 B2C 互动中操作界面与操控技术的便利程度，认为便捷性是消费者认定的操作界面和操控系统的难易程度。

2. 信息共享

Davis（1989）研究指出“感知有用性”是“使用者确信操作特定系统或者使用某种方法后，将会提高工作绩效或者学习效果的程度”。将其沿用至 B2C 环境，即为消费者在参与互动的过程中，对产品信息的丰富程度、真实程度、购物平台的设置是否能满足自身需要的感知。Ko（2005）研究指出，消费者越能寻找到有价值的信息，越愿意参与互动。B2C 互动的过程是双向的，消费者通过 B2C 互动了解欲购买产品或服务的信息，零售商通过 B2C 互动过程中消费者使用习惯或者偏好建立消费者信息数据库，进而为消费者提供更有效的消费推介。B2C 互动中信息共享不仅包括 TAM 模型中“感知有用性”衡量信息丰富程度的内容，还包括衡量消费者对零售商“佐证”信息效度的评价。因此，本书将信息共享定义为信息丰度与效度提高消费者使用线上零售渠道绩效的程度。

3. 响应性

响应性是指后一序列信息对前一序列信息的反应速度与关联程度（Yin，2005）。B2C 互动过程中，响应性体现在反馈及时度（Daft & Lengel，1986）、质量与连续性（Goffman，1967）以及同步程度（Schegloff，1992）之上。零售商的购物平台或者特定渠道的响应性好，就会极大降低消费者在沟通中获取信息的耗时，消费者会因此感到较高的沟通效率与服务效率。同时，零售商快速、高效地处理消费者诉求，会增加消费者对其的信赖感与支持度。由此可以发现，响应性的核心是“快速、高效”。本书将响应性作为 B2C 互动的维度之一，用来衡量 B2C 互动中零售商的服务质量与态度，认为响应性是零售商为消费者高效优质服务的程度。

4. 可浸入性

20 世纪 90 年代后期，学者们逐步意识到“互动”程度对消费者行为意愿的重要性，并将其作为衡量“互动”的维度之一，如“乐趣性”、“有趣性”、“个性化”和“畅”、“爽”等（Ha & James，1998；Burgoon 等，1999，2000；Dholakia，2000；Liu & Shrum，2002）。现实中，不论是设计、组合的销售界面也好，游戏也好，视频介绍也好，生动性越强，刺激的感官越多，带来的感官享受越强，消费者参与互动的程度越高。2015 年春节期间，手机 QQ 与微信先后推出“抢红包”活动，某些“红包”为特定商家或者线上零售渠道的消费专享券。“红包”虽小，但是通过手机“抢红包”的互动形式，提升了某些消费者对以智能手机为代表的“移动渠道”的感知程度或者是认可程度。鉴于此，本书将可浸入性作为 B2C 互动的维度之一，用来衡量 B2C 互动的类型或者层次，认为可浸入性是线上零售渠道吸引消费者“关注”，并使之“乐于使用”的程度。

第二节　渠道转换行为

电脑、移动电话、平板电脑等智能终端设备实时信息传递的功能正改变传统的信息获取方式。以智能终端设备为代表的信息传递媒介具有实时互动的特点，实现了受众跨地域或者跨空间的交流、沟通。消费者借助实时信息传递技术，越来越主动地获取信息并加倍对比信息的真实性与可靠性。消费者结合产品属性、消费经验、信任、口碑等因素，在众多的销售渠道中，依据对零售商的服务能力、服务水平与服务层次以及渠道属性、功能的判定，从一种类型销售渠道转换至另一种类型销售渠道或者是转换提供服务的零售商，最终选择其感知“所得”最大的渠道作为购买交易渠道。

一、渠道转换行为的界定

零售渠道是零售商与消费者相互沟通并达成交易的媒介，是各种商品与服务由零售商向消费者的转移过程，或是各种商品与服务从零售商向消费者转移所经过的由相关技术手段与措施构成的通道或途径。划分标准不同，零售渠道归类不同。依照使用用户性质不同，可以分为消费品流通渠道和工业品流通渠道；依照长短的不同，可以分为直接渠道和间接渠道；依照类型的不同，可以分为实体渠道、直复渠道①、移动渠道和网络渠道；依照属性的不同，可以分为线上渠道（On - line Channel）和线下渠道（Off - line Channel）（Verhoef 等，2007）；依照功能的不同，可以分为信息搜索渠道和购买交易渠道②。

（一）渠道转换行为的概念

“转”在《康熙字典》中被解释为“旋动、改变方向或者形式”，“换”的含义是“给予他人的同时获取别的利益”。通常情况下，“转换”被理解为“更改、改变；从一种形式更改成为另一种形式”，是一种严格意义上的单向过程。

① 直复渠道是凭借多媒体交互技术，不受地域条件限制的可量化反应或者达成交易的销售渠道（美国直复营销协会，ADMA）。

② 参照 Coughla 等（2001）和 Levy & Weita（2006）的划分标准整理。

同时，做出这种改变的目的是“获取”。西蒙（Herbert A. Simon）认为，实际生活中的个体是介于完全理性与非理性之间的“有限理性”的决策者，受制于个体基本生理限制以及由此引起的认知限制、动机限制和三者的相互影响。因此不论消费者属于传统意义上的哪一个细分市场，不论其人口统计特征、心性特征或地域特征如何，由于无法预测不同渠道不同零售商的全部备选方案，其无法在各种各样的备选消费决策中选择最优的方案，只能由于因缺乏最优解而根据边际收益与边际成本的拟合度转向寻求满意解。因此，如果将“转换”的概念移至多渠道零售环境中，则可以将“转换”理解为“在某一种销售渠道中没有实现预期的目的而转为使用其他销售渠道以便实现自身预期目的的过程”。

随着信息发布渠道的增加、传播方式的创新以及多媒体互联互通技术便捷性的增强，消费者的购买习惯发生了较大变化。在美国，约 8 亿个消费者在线上接收信息后转而线下购物（Dieringer - Group，2005）。德勤[①]（2012）指出，58% 的顾客会在不同零售商的销售渠道中查看和对比价格，50% 的顾客使用网络搜寻、对比不同零售商提供的同一产品与服务的信息，42% 的人会在网络上查看他们想要的商品在特定零售商的实体店是否有货。

多渠道零售环境下，消费者的渠道转换行为可以发生在不同属性的渠道之间（线上零售渠道—线下零售渠道），发生在相同零售商不同类型的渠道之间（实体渠道—直复渠道—网络渠道—移动渠道，见图 2 - 7a），发生在消费者于信息搜索与购买交易阶段中对不同类型渠道的选择（见图 2 - 7b）。因此，消费者渠道转换行为既包括线上与线下零售渠道之间的“迁移”行为，又包括在不同属性的零售渠道间分别完成信息搜索与购买交易任务的“搭便车”行为。鉴于此，本书将渠道转换行为定义为消费者在信息搜索与购买交易过程中在不同类型销售渠道之间使用行为的单向转换过程，既包括消费者在同一零售商销售体系内部渠道类型的转换，又包括在不同零售商之间不同类型渠道的转换。

（二）相关概念比较

多渠道零售环境下，消费者凭借自身喜好以及情景、产品、渠道属性等因素的限制挑选“信息搜索”或者“购买交易”渠道。国内外学者对此展开了相关研究，并依据不同的标准与条件，将消费者在多渠道零售环境中的渠道使用行为

---

① 德勤会计师事务所（Deloitte Touche Tohmatsu，简称 Deloitte 或 DTT）。其业务范围有审计、企业管理咨询、财务咨询、风险管理及税务等服务。

表述为渠道迁移、渠道“搭便车”、跨渠道购买、渠道选择、多渠道购物，等等。

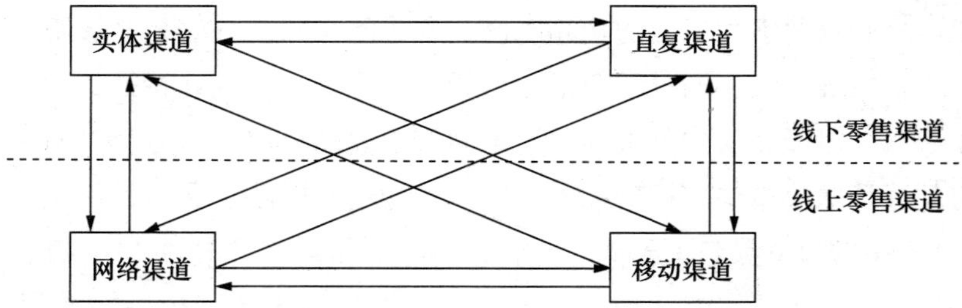

图 2 –7a　渠道转换的表现形式（一）

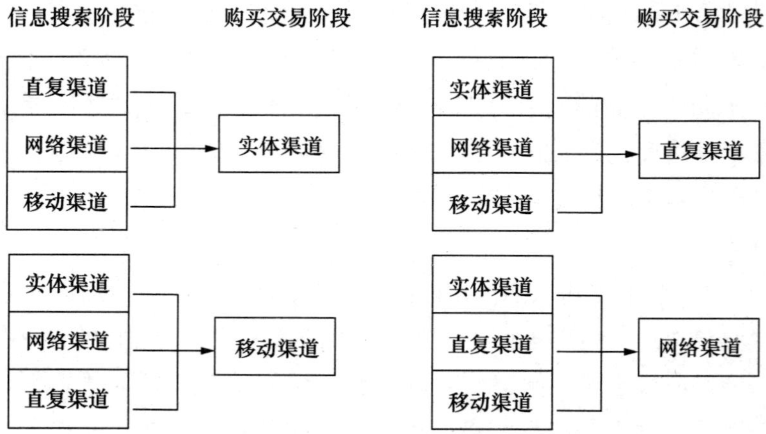

图 2 –7b　渠道转换的表现形式（二）

1. 渠道迁移

21 世纪初，Steinfield 将人口学中的“迁移”概念引入消费者行为研究，并提出了消费者于线上与线下渠道迁移的模型。但是，Steinfield（2002）并未就渠道迁移做出解释。其后，Griffith & Weinberger（2005）认为，多渠道零售环境下，消费者趋向于在一条渠道完成信息搜索，而在另外一条渠道完成购买交易。Thomos & Sullivan（2005）指出，渠道迁移是消费者在零售商不同渠道之间反复对比衡量的动态过程，而且这一过程发生在整个购买决策阶段中（Gupta，2004；Chen & Xinlei，2008）。但是，Kauffman 等（2009）指出，渠道迁移行为是消费者从一种购物渠道向另一种购买渠道的转换，而不是在零售渠道中来回流转。Chiu（2010）认为，渠道迁移是消费者在整个购买决策过程中的渠道流转往复行为。我国学者涂红伟、贾雷和周星（2011）认为，消费者渠道迁徙是指消费者从在线（离线）渠道向离线（在线）渠道的转移过程，这一过程不仅包括消费者在在线购买渠道和离线购买渠道之间的迁徙，而且包括消费者在信息搜索渠道与购买渠道之间的迁徙。

目前，国内外学者关于渠道迁移的内涵并没有达成一致。综合各家观点，学者们普遍认为只要消费者在“线上零售渠道”与“线下零售渠道”实现单向改变即为“渠道迁移”。

2. 渠道“搭便车”

美国学者曼柯·奥尔逊较早开始了“搭便车”研究，其在《集体行动的逻辑：公共利益和团体理论》（*The Logic of Collective Action Public Goods and the Theory of Groups*）中指出，“搭便车”是在不付出成本的前提下而享受他人利益。“搭便车”行为研究多见于经济学与社会学，认为个体“搭便车”的原因在于“公共物品具有非排他性或者非竞争性”。

“搭便车”行为同样存在于零售业中，Telser（1960）认为，在传统的零售环境中，由于不同的零售商提供了多样的信息服务，因而消费者可以通过对比的结果在价格较低的零售商处购买商品，并且这种行为会挫伤零售商提供信息服务的积极性（Telser，1960；Singley，1995）。线上零售渠道购物成为消费者日常生活的组成部分后，学者们开始注意双渠道（Dual - channel：线上—线下）零售环境中的“搭便车”行为。学者们认为，消费者于“双渠道”零售环境中的“搭便车”行为根源在于“价格”（K. D. Cattani 等，2004；A. A. Tsay & N. Agrawal，2004；Chiou，2012；Sandrine Heitz - Spahn，2013），消费者希望在传统渠道通过让专业人员讲解或者演示商品的优点或功能的方式体验或者感受实体商品，然后在价格较低的网络渠道购买该商品（丁正平、刘业政，2013）。消费者的“搭便车”行为表现在两个方面：一种为实体店体验产品或者服务，但是在线上零售渠道购买；另一种为在线上零售渠道获取信息服务而在线下零售渠道购买（Chui，2011；涂红伟、周星，2011；O. P. Bomsel，2014；Yong，2014）。Chui 等（2011）基于渠道相关性和零售商相关性将多渠道零售环境下的消费者行为分为四种类型：跨渠道“搭便车”、单渠道“搭便车”、跨渠道忠诚和单一渠道忠诚。Sandrine Heitz - Spahn（2013）认为跨渠道“搭便车”是消费者在某零售商的销售渠道收集、整理欲购买产品的信息，但是转而从另一个零售商的销售渠道购买这项产品。

通过上述论述可以发现，消费者于多渠道零售环境中“搭便车”的行为研究可以分为两个阶段：第一阶段，从渠道属性出发，只要消费者在不同属性的渠道分别完成信息搜索任务与购买交易过程，即可认为消费者“搭便车”；第二阶段，学者们在渠道属性不同的基础上，添加了零售商因素，认为消费者的“搭便车”行为发生于不同零售商不同属性的销售渠道之间，“搭便车”行为的关键在于从一个零售商的某一条渠道搜索信息而去另一个零售商的销售渠道完成购买。

3. 跨渠道购买

单一渠道环境下，消费者运用同一种渠道搜集产品信息、购买产品，消费者不可能发生渠道迁移或者渠道“搭便车”行为。综合渠道迁移与渠道“搭便车”的相关描述与定义，部分学者提出了跨渠道购买的概念。秦世波（2013）认为，跨渠道购买发生在线上和线下渠道并存的情况下，既包括消费者从线上渠道获取信息转而在线下渠道实现购买，又包括消费者在线下渠道获取信息转而在线上渠道实现购买。郭燕、周梅华（2014）认为，跨渠道购买是消费者在购买决策过程中不同阶段运用不同渠道的行为。闫玮（2014）指出消费者的跨渠道购买包括四种形式，即“线上咨询—实体店购买”、“实体店体验—线上咨询—线上购买”、“线上咨询—线上购买”以及“实体店体验—线上咨询—实体店购买”，而当前较为关注的是“信息搜索—购买转移”的双边承接消费模式。

随着零售商与消费者在各种销售渠道互动性的增强，消费者或是倾向于在线上零售渠道收集、整理、对比欲购买产品或者服务的信息，但是受限于自身能力、情景或者是其他因素，消费者转而在线下零售渠道实现购买；消费者或是在线下零售渠道体验欲购买的产品或者服务，之后通过线上零售渠道的信息收集、整理与对比，选择某一零售商的线上零售渠道作为最终的购买渠道。由此可见，消费者的跨渠道购买多见于线上零售渠道与线下零售渠道之间。同时，根据是否转化零售商，跨渠道购买可以分为跨渠道“搭便车”和跨渠道保留。跨渠道“搭便车”不仅在购买决策的不同阶段实现了线上与线下零售渠道之间的转换，而且还转换了不同的零售商；跨渠道保留是指虽然在购买决策的不同阶段实现了线上与线下零售渠道之间的转换，但是这种转换发生在同一个零售商的销售体系内。

4. 渠道选择

渠道选择是涉及面较广、定义较为宽泛的概念，可以从制造商和消费者两个不同的角度理解。由于本书关注消费者的行为研究，所以仅从消费者角度总结关于渠道选择的相关成果。目前并没有形成关于渠道选择的明确定义，学者们多数将渠道选择视为多渠道零售环境中消费者的行为特征，并对此展开研究，认为影响消费者渠道选择的因素有人口统计特征（Jungjoo Jahng & Hemant Jain，2000；Lu，2011；Yang，2011）、渠道属性（Pamela Morrison，1998；Jahng & Jian，2000；吴泗宗、苏靖，2012）与产品因素（Pamela Morrison，1998；Pamela Morrison，1998；Jahng & Hemant Jain，2000；吴泗宗、苏靖，2012）等。

5. 多渠道购物

多渠道零售为消费者提供了多元的选择机会，消费者可以在复杂的购物环境中，根据自身的消费经验与消费能力，获取体验性更高的产品与服务。由此，国内外学者展开了多渠道购物的相关研究。多渠道购物是在相对比较传统的、单一的实体渠道购物的前提下提出的。多渠道购物、多渠道购买、多渠道消费等相关术语由于研究环境与研究起点基本相同，故本书均将其列入。Berman & Thelen（2004）认为，只要使用两种或者两种以上的销售渠道完成购买活动即可视为多渠道购物。Rangaswamy & Van Bruggen 认为多渠道购物是指消费者使用两个或者两个以上的销售渠道完成信息搜索以及购买交易任务的过程。Verhoef 等（2007）认为多渠道消费是消费者通过对各种渠道的理性选择，出于收益大于成本的初衷，满足特定需求的决策过程。Yang 等（2011）认为，消费者在多渠道环境中的渠道拓展过程表现为在使用主要购物渠道的过程中附加使用其他渠道。蒋侃（2009）则认为，多渠道消费行为是消费者为了获取产品或者服务在复杂环境中的决策行为，多渠道消费要求消费者不仅考虑购买哪一种产品或者服务，还要考虑消费方式以及路径。

上述研究表明，只要消费者在决策过程中使用两种及以上的渠道完成相关任务，即可认为多渠道购物。同时，消费者多渠道购物的目的是获取感知上的收益大于成本。

综上所述，多渠道购买与渠道选择是对消费者于多渠道零售环境中消费行为的现象表述；渠道迁移由于研究环境所限，并没有说明同种属性尤其是线上零售渠道之间的转换是否属于消费者渠道迁移行为的研究内容，也较少考虑零售商因素对消费者渠道迁移的影响；渠道“搭便车”的研究亦建立在渠道属性之上，也较少结合零售商因素考量渠道类型的改变是否属于“搭便车”的范畴；跨渠道购买的内涵较宽，既包含线上零售渠道与线下零售渠道之间的“迁移”或者“搭便车”行为，又包括是否转换零售商的“跨渠道保留”行为。

渠道转换行为是多渠道零售环境下消费者于信息搜索与购买交易过程中在不同类型销售渠道之间使用行为的单向转换过程，类似于消费者在不同零售商之间不同类型渠道的“迁移”或者“搭便车”行为。因此，多渠道零售环境下的渠道迁移、渠道“搭便车”、跨渠道购买、渠道选择、多渠道购买等消费者购买决策行为研究成果对本书仍具有一定指导意义。影响消费者渠道迁移、渠道“搭便车”或者跨渠道购买的因素有可能对渠道转换行为产生类似的作用。

二、渠道转换行为的研究视角

由消费者自主操作完成服务流程不仅存在于零售业，也存在于银行业、保险业以及其他服务产业。银行业、保险业等相关行业同样也存在消费者从实体店面与网络服务端相互转换或者是网络服务端之间的渠道转换行为。虽然行业不同，但是促使消费者从实体店面与网络服务端相互转换，或者促使消费者在网络服务端之间转换的因素可能有相似之处。因此，相关学者对于其他行业渠道转换行为的研究仍有借鉴作用。

当前，学者们利用心理学与社会学相关成果，以 TAM 为主要研究框架的同时引入其他变量，探讨态度、主观规范与渠道使用意愿/行为之间的关系，研究重点在于促发消费者渠道转换意愿或者行为的前置变量。

Pavlou & Fygenson（2006）以 TAM 模型为基础，研究指出网络渠道的消费者其自我效能和控制力（行为控制变量）间接影响行为意愿与实际行动，其感知有用性和感知易用性（科技结构变量）显著影响网络信息搜索和购买态度。Järveläinen（2007）以 TAM 为基础，运用信息丰度理论，研究指出感知有用性、初次购买体验直接影响消费者对网络购物渠道的选择，产品复杂性和社会环境间接作用于消费者对网络购物渠道的选择。Dishaw 和 Strong 把技术接受模型中的使用行为意向变量引入 TTF 模型，并增加了行为控制变量，建立了任务技术匹配与技术采纳的整合模型，研究结果表明，任务技术匹配与行为意向高度相关。Klopping & McKinney 建立任务技术匹配和技术接受整合模型来研究电子商务，实证结果显示，整合模型中的所有关系都被证实，且整合模型比单独的技术接受模型和任务技术匹配模型都能更好地预测消费者行为意向。

TAM 模型认为感知有用性与易用性是影响消费者行为意愿与绩效的两个主要变量，而且外部变量直接影响感知有用性与易用性，但是，其并没有对外部变量进行界定，随后，学者们添加不同的变量对 TAM 模型进行拓展。任务技术匹配（Task – Techology Fit，TTF）是研究个体对信息系统接受能力的重要理论模型，强调任务、技术与个人特征是行为绩效的重要因素。技术任务匹配理论认为通过信息技术提供绩效的关键前提是用户必须愿意使用该种技术，而且，该技术与其支持的任务具有良好的匹配性（鲁耀斌等，2008）。该理论将技术定义为用户在完成目标工作时使用的工具，工作认知为将输入转换成为输出的行为。只有用户认为使用技术能够完成任务时，才会表现出继续使用的意愿，技术才能协助目标顺利地完成。高平、刘文雯和徐博弈（2004）在科技采纳模型和任务技术匹配模型的基础上，分析了影响企业 ERP 实施的行为因素，并建立了能够在企业 ERP 采用进程中解释和预测员工行为的 TAM/TTF 整合关系模型，如图 2 – 8 所示。

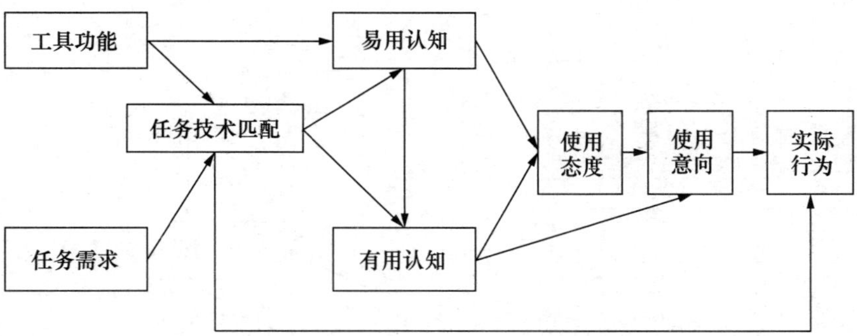

图 2 – 8 基于 TAM/TTF 的企业实施 ERP 整合模型

董铁牛等（2007）以任务技术匹配与技术采纳的整合模型为基础，研究指出感知有用性是消费者使用非实体渠道的最主要动因，同时，任务技术匹配性可通过降低感知风险的方式间接作用于非实体渠道的使用意愿，如图 2 – 9 所示。

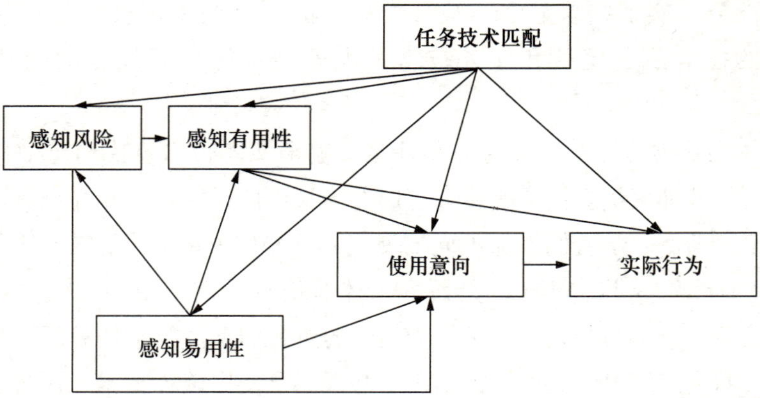

图 2-9　消费者网上购物行为的研究模型

周涛、鲁耀斌和张金隆（2009）以任务技术匹配理论（TTF）和技术采纳与使用统一理论（UTAUT）为基础，实证指出绩效期望、任务技术匹配程度、社会影响和便利性对消费者使用移动银行有明显的促进作用，如图 2-10 所示。

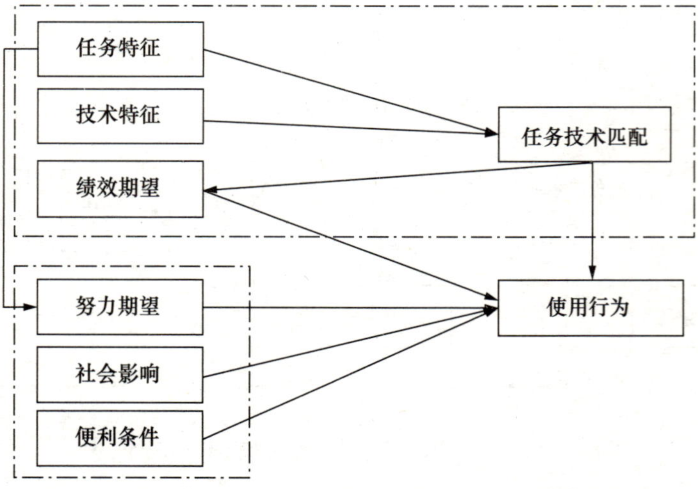

图 2-10　整合 TTF 与 UTAUT 视角的移动银行用户采纳行为研究模型

孙建军和李君君（2010）以个体消费者为研究对象，结合用户的感知因素，构建了面向电子商务网站的技术采纳行为的整合 TAM/TTF 模型，模型解释了 77.9% 的行为意向的方差变异量，能够很好地预测态度和行为意向，如图 2-11 所示。

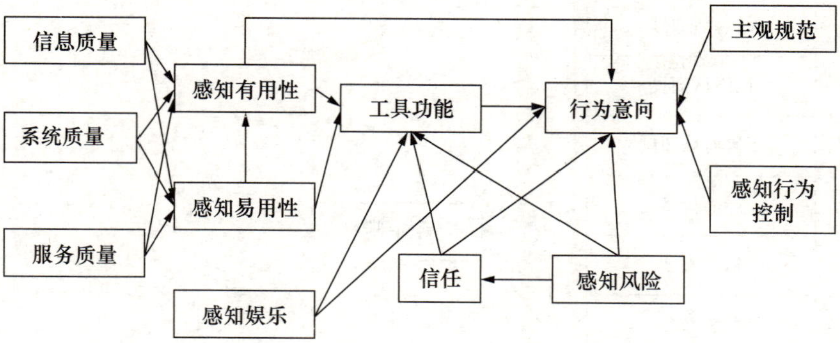

图 2-11　基于 TAM/TTF 的电子商务用户接受理论模型

研究发现，消费者的行为绩效可以由使用意愿推断，而且消费者的使用意愿受态度和主观规范的影响。基于 TAM 的渠道转换行为的研究假设是消费理性，但实际上，消费者的个体行为要受到外部环境的影响，因而需要在模型中加入外在变量，如情景因素、自我效能、风险感知、信任和娱乐性等。

三、渠道转换行为的影响因素

消费者渠道转换行为受多重因素的综合影响，故而成为电子商务和消费者行为研究的热点之一。学者们利用经济学、管理学和社会心理学的相关理论研究这一客观现象与主观行为，试图从不同角度识别影响渠道转换行为的要素，并探讨其间的相互关系。

（一）国外学者的研究

多渠道零售带给消费者多样的信息获取权与渠道组合权，多渠道零售环境下的消费者行为较传统购物行为更加复杂，其行为的发生在于其是否得到物质价值或者心理利益（Reardon & Mecorkle，2002）。国外学者中，Choenbachler 和 Gordon（2002）较早开展了消费者渠道转换行为影响因素的研究。基于消费者渠道选择行为特点，两人将消费者分为多渠道消费者、单一渠道消费者和非消费者，通过感知风险、渠道经验、购买动机、产品类型和网站功能等影响因素，构建了消费者渠道选择模型，但是没有进行验证，如图 2-12 所示。

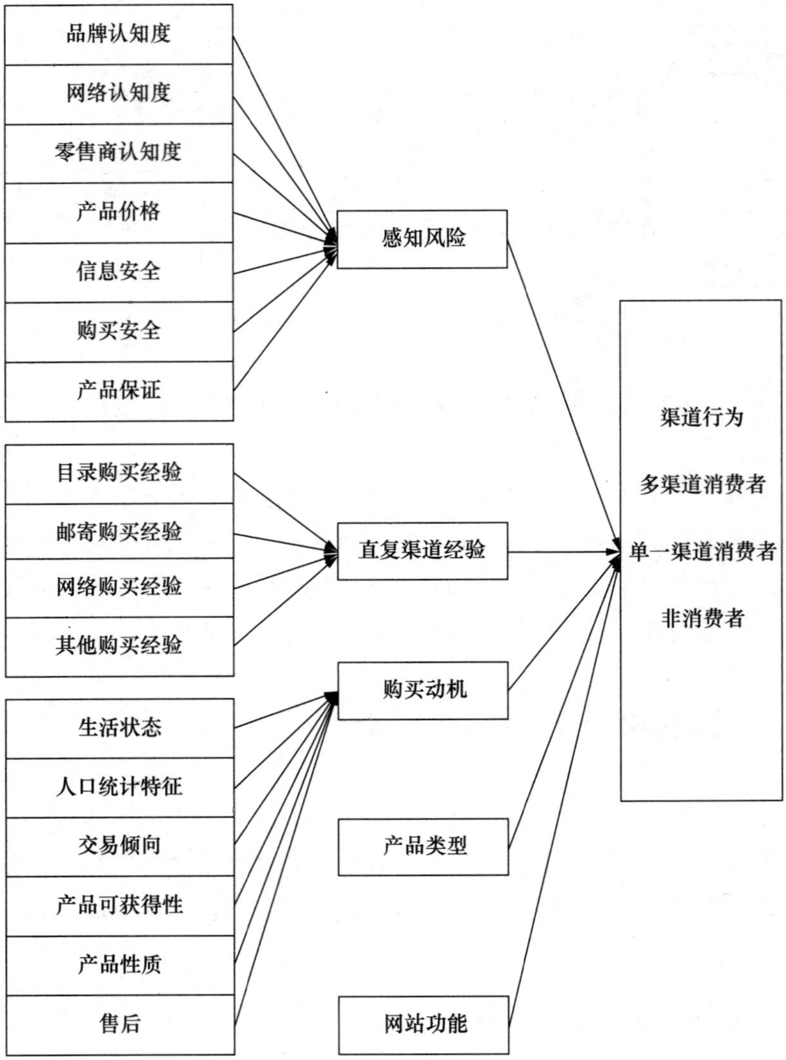

图 2－12　消费者渠道选择概念模型

资料来源：根据 Choenbachler 和 Gordon（2002）相关模型整理。

Black（2002）在文献综述与定性分析的基础上，提出消费者渠道选择的概念模型，并指出渠道特征、企业特征、商品属性和消费者因素是影响消费者作出渠道决策的主要因素，如图 2－13 所示。

Gehrt & Yan（2004）指出，关于多渠道零售环境下消费者购买行为的分析主要集中在零售商特征与消费者特征之上，对于影响消费者作出购买决策的情景

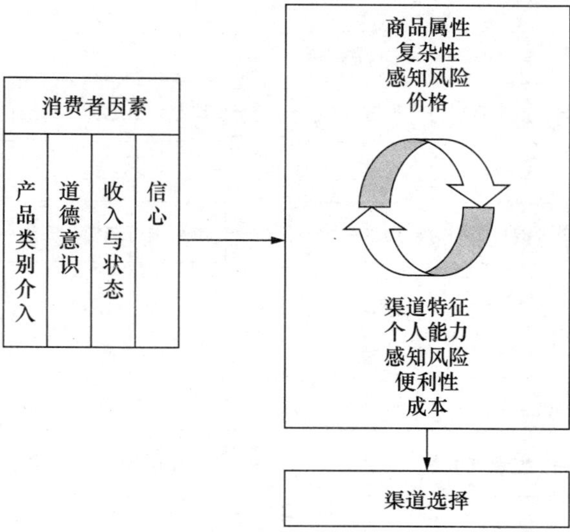

图 2－13　Black 等（2002）渠道选择概念模型

因素则较少关注。鉴于此，两位学者基于互动的视角，从零售商与消费者各自特征出发，结合情景因素分析消费者对不同渠道的渠道偏好，结果证实情景是影响消费者渠道选择的关键因素。

Gupta 等（2004）通过对 337 份样本的回归分析研究了消费者从实体渠道向电子商店转换的行为，研究指出，实体渠道与电子商店在感知风险、价格搜索意愿、评估努力和送货司机上的差异对消费者使用电子商店有显著作用。

Frambach（2007）以消费者在不同购买阶段（购买前、购买中和购买后）的房产抵押借款为研究对象，分析其在不同阶段对线上渠道与线下渠道的不同偏好。分析证明消费者对特定渠道的使用偏好受网络使用经验的影响，如果网络经验丰富，消费者在购买前和购买后阶段倾向于使用线上渠道，而在购买中阶段，不论网络经验丰富与否，消费者均倾向于使用线下渠道。

Verhoef 等（2007）以 TRA 为基础，建立了多渠道零售环境下信息搜索渠道和购买交易渠道转换的研究模型，并以 345 份样本为基础对该模型进行量化分析，结果证实了基于渠道属性的判定、渠道锁定的缺乏和跨渠道协同是驱动渠道转换的三大机制，如图 2－14 所示。

Chiu H. C. 等（2010）在 PPM 范式的基础上，以线上渠道信息搜索、线下渠道购买交易的渠道“搭便车”行为为研究对象，验证了自我效能、零售商忠诚、线下渠道吸引力对“搭便车”行为的综合影响作用。实证指出自我效能正

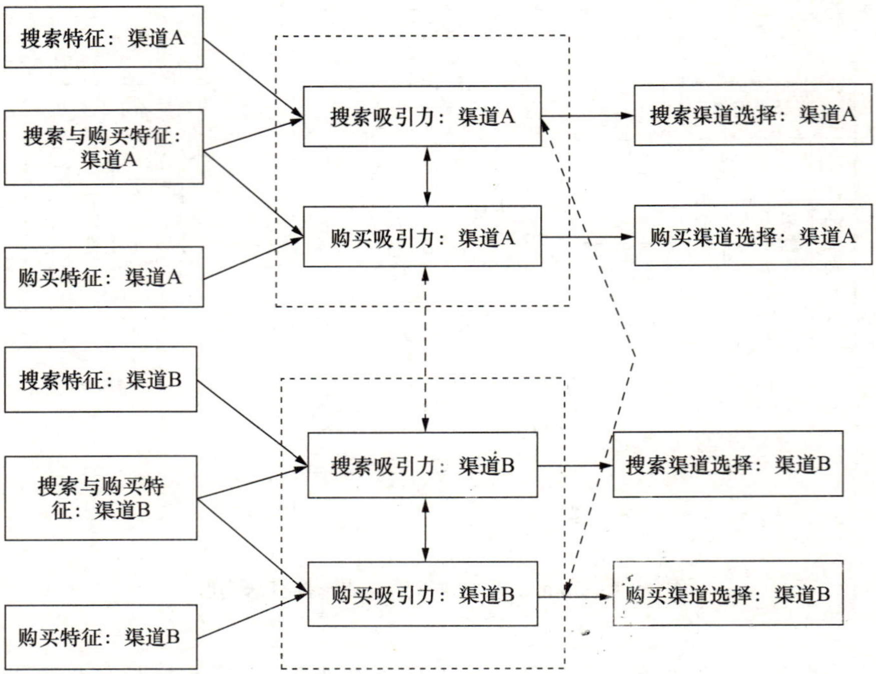

图 2－14　基于 TRA 的多渠道信息搜索与购买交易研究模型

向影响“搭便车”行为意愿，线下渠道服务质量与线上渠道感知风险正向影响线下渠道吸引力，进而影响消费者的“搭便车”行为意愿，感知转换成本负向影响“搭便车”行为意愿，如图 2－15 所示。

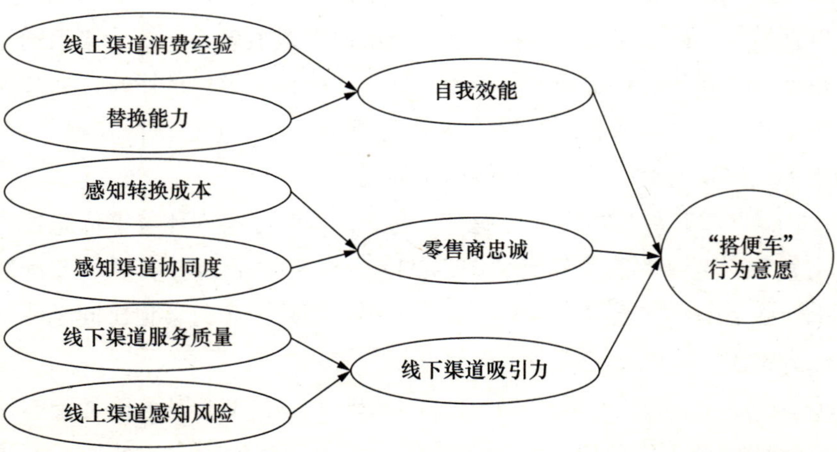

图 2－15　多渠道零售环境下“搭便车”行为意愿研究模型

Chiu（2011）以消费者在同一零售商电子渠道浏览产品信息而在其实体渠道购买的行为为研究对象，分析消费者渠道转换的动因。研究证明，消费者感知的多渠道自我效能越高，渠道转换的可能性越强，而且，消费者对其他零售商的实体渠道服务质量感知降低也会增加该种现象发生的可能性。

（二）国内学者的研究

近年来，国内学者也开展了渠道转换行为研究。黄浩、刘鲁和王建军（2008）在技术接受模型（TAM）之上，研究指出感知有用性与感知易用性、创新性与外部影响、使用成本是影响消费者使用移动服务内容的主要因素，如图 2－16 所示。

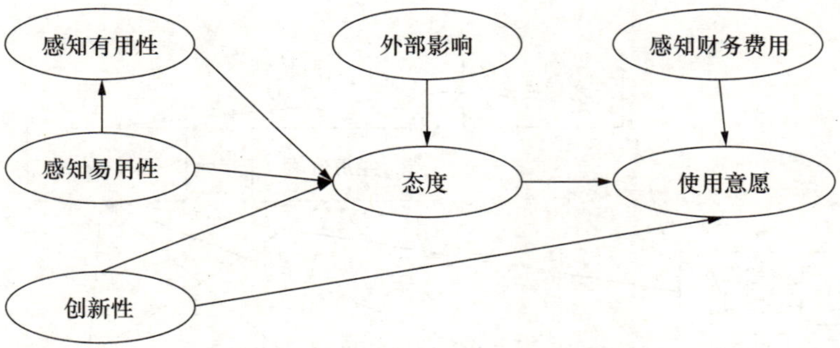

图 2－16 移动服务内容采纳模型

邓朝华、鲁耀斌和张金隆（2009）以技术接受模型（TAM）为研究基础，指出感知有用性和可靠性是消费者接受移动银行的主要动因，如图 2－17 所示。

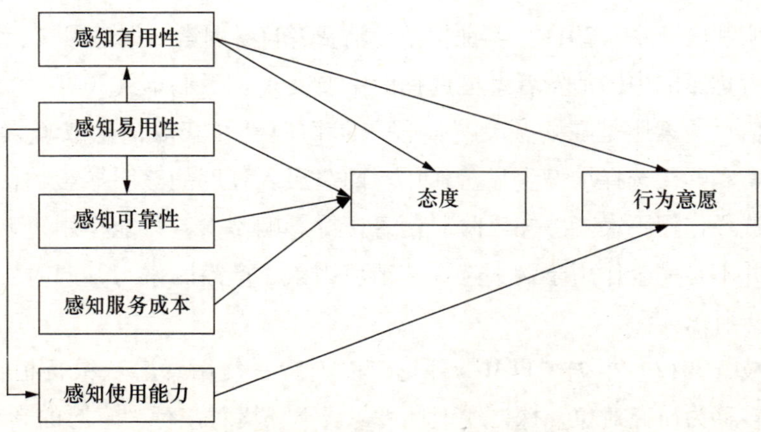

图 2－17 移动银行用户采纳研究模型

蒋侃（2009）认为，渠道知识/自我肯定、心理成本、经济价值、渠道转移成本、服务质量、愉悦体验能对消费者渠道保留行为产生直接或者间接作用。多渠道零售环境下，对网络移动技术的掌握程度可增加消费者非实体渠道的使用意愿，渠道知识/自我肯定对渠道保留作用明显。愉悦体验与服务质量构成了消费者对经济价值的感知，进而增强其渠道保留的意愿，同时，服务质量可直接作用于渠道保留意愿，但愉悦体验只能通过经济价值对渠道保留产生影响。蒋侃的研究证明心理成本对经济价值和渠道保留作用消极，心理价值越高，对经济价值与渠道保留的负面作用越强。转换成本与渠道保留之间是正向相关关系，即转换成本（时间与精力）越高，“转移壁垒”与“渠道锁定”作用越强，如图 2－18 所示。

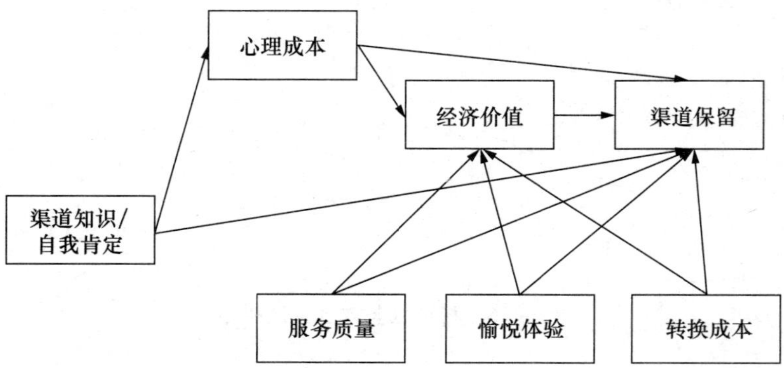

图 2－18　基于理性和体验的 B2C 多渠道消费行为研究模型

胡正明和王亚卓（2011）实证检验了消费者自身因素、渠道因素、情境因素和产品因素是影响中国消费者渠道选择的主要变量。王亚卓（2011）实证指出，不论是在信息搜索还是在购买交易阶段，购物动机（获取信息或者人际交流）对信息搜索和购买选择均发生显著作用。网络摄入程度能够明显影响信息搜寻，但对购买选择作用不大。感知风险对信息搜寻影响不大，只能作用于购买选择。渠道优势并不是完全作用于购买选择，情境因素、产品因素与其同时发挥作用，如图 2－19 所示。

曹玉枝（2012）根据“PPM”理论，以消费者使用意愿从银行柜台网点向网上银行转移为研究对象，探讨线上环境与线下环境对该行为意愿的影响，研究结果证明，消费者对线上环境相对收益的感知和线下习惯、创新性对线下渠道向线上渠道的转移有显著影响，如图 2－20 所示。

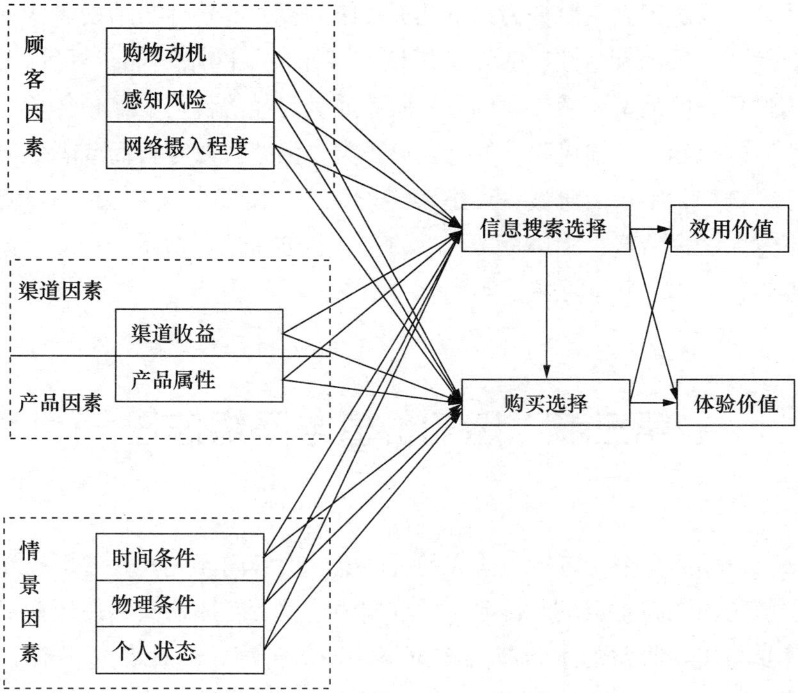

图 2－19　双渠道顾客消费行为修正模型

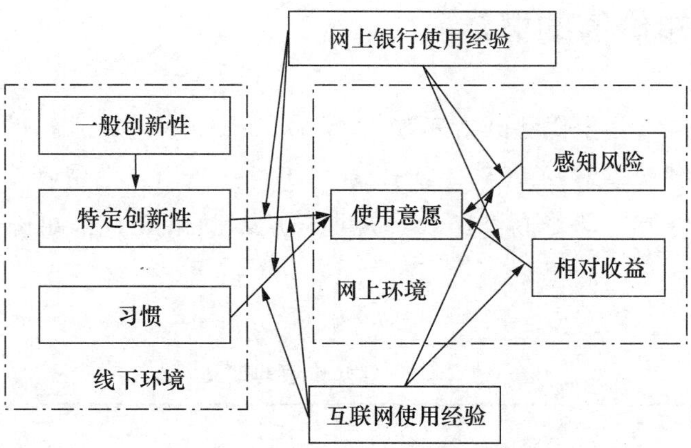

图 2－20　多渠道环境中消费者渠道使用转移行为研究模型

综上所述，不同购买阶段不同渠道的收益与风险比较促使消费者转换购买渠道（Asim Ansari 等，2008；Chatterjee P.，2010）。总体而言，影响消费者渠道转换意愿或者行为的因素主要分为以下几类：第一类，零售商与消费者沟通与交流的效果。例如，感知有用性、感知易用性、可靠性、网站功能，等等。第二类，渠道使用过程中的消费者感知。例如，服务质量、经济价值、愉悦体验、网上环境相对收益的感知、感知风险，等等。第三类，消费者对零售商或者是对某种渠道的信任，例如，零售商忠诚、渠道锁定的缺乏，等等。第四类，其他，例如，价格搜索意愿、评估努力和送货司机上的差异、创新性、情景、产品、消费者因素、渠道转移成本、网下习惯，等等。

第三节 感知价值与网络信任

感知价值始终是消费者行为研究的关注点，但其内涵尤其是多渠道零售环境下感知价值的内涵尚无定论。目前，学者们描述消费者因购买和使用商品所获取的心理感受与实际收益的术语有感知价值、期望价值、消费者（顾客）感知价值、消费者（顾客）价值、消费价值、服务价值、净消费者（顾客）收益等。这些术语虽然称谓不同，但其所表达的要旨却基本相同。这些术语中使用频率最高的为感知价值，本书将继续沿用。

一、感知价值的概念

感知价值是“竞争优势的新来源”（Woodruff，1997），营销的主要任务就是创造并传递价值（穆琳，2005）。Drucker（1954）指出，消费者购买和消费的不是产品，而是价值。学者们沿用这一观点，从不同角度对感知价值进行了解读（见表 2-3）。

表 2-3 感知价值的定义

学者	年份	定义
Zeithaml	1988	消费者所能感知到的利得与其在获取产品或服务中所付出的成本进行权衡后对产品或服务效用的整体评价

续表

学者	年份	定义
Anderson 等	1993	顾客产生对产品或服务的相对于交易价格的一种感知效用，而这种效用体现在社会效益、经济、服务以及技术等方面，是顾客的主观感受
Woodruff	1997	对特定使用情境下有助于（有碍于）实现自身目标和目的的产品属性、属性的实效及使用的结果所感知的偏好和评价
Monroe & Krishnan	2005	消费者在挑选商品时，购买与否取决于消费者预期从购买的产品所获得的利益与为得到此产品所付出的成本二者的对比关系，消费者感知价值源自购买某种产品而带来的利益和为获得该产品而需要付出的代价
Wood & Scheer	2006	消费者在交易中所获取的利益与为获取该利益而付出成本的二者权衡，其中的利益主要包括产品质量，其中的成本主要包括感知到的货币付出
Sanchez	2006	顾客感知价值是消费者在购买时、使用时以及使用后的一系列动态变量
Chang 等	2009	消费者在综合分析其所得与付出之后的感知净收益
姚钟华	2002	从购买到的某种产品或服务中获得的总收益与由于购买而付出的总成本之间的比值：VC = F/C
武永红、范秀成	2004	具有特定需求的顾客针对企业对其提供的特定市场提供物，感知到在满足其需求的过程中能够得到的各种利益和付出进行权衡后形成的总体性评价
杨毅	2007	互联网感知价值是顾客感知使用互联网渠道（网络商店）达成其消费目的和意图的程度的偏好与评价
刘文波、陈荣秋	2009	在特定的使用情境中，顾客基于其所得和付出的感性认识而形成的对产品（服务）效用的总体评价
龚主杰、赵文军和熊曙初	2014	顾客对产品或服务的整个消费过程的整体、全面的综合评价，是高度个人化且具抽象层次的认知，既包括所获得的收益与所付出成本之间的相对关系，也包括消费者在购物过程中情绪与体验的价值

资料来源：Woodruff R. B. Customer Value：The Next Source for Competitive Advantage［J］. Journal of the Academy of Marketing Science，1997，25（2）：141；钟凯．网络消费者感知价值对购买意愿影响的研究［D］. 沈阳：辽宁大学，2013.

尽管学者们对感知价值概念的阐述各不相同，但却都认同感知价值在一定程度上意味着综合效用或者是既得收益的观点，这种综合效用或者既得收益既可以是有形产品的获取，也可以是无形服务的享受；既可以是物质的（实物），也可以是精神的（娱乐、享受），或者是经济、社会、技术与服务利益的综合（Anderson 等，1993），或者是经济利益、策略与行为利益的组合（Wilson & Jantrina，1995）。为了获取效用或者利益，消费者必然要支付某种成本，既可能是货币，也可能是时间、体力与精力[①]，等等。

感知价值界定具有以下特征：①感知价值与产品或者服务相关，既是自身"成本—收益"的感知对比，又是对不同零售商的权衡，具有比较性；②消费者在与零售商创造、传递价值的过程中，权衡"成本—收益"的对比关系，具有主观性；③感知价值源于消费者与零售商的互动体验，而不是产品或服务所固有的，具有动态性；④此外，Bolton 和 Drew（1991）认为，不同顾客对同一产品或者服务的感知各不相同，即使是同一消费者，在不同时间、不同地点与不同场所中对同一产品或者服务的感知也各不相同（范秀成、罗海成，2003；叶志桂，2004），感知价值具有权变性。本书将感知价值解释为消费者根据自身消费经验和偏好，在与零售商提供的产品、服务或者营销活动接触的过程中，所产生的基于"成本"和"收益"对比、权衡关系的综合效用评价。

二、感知价值的维度

感知价值是多维概念（Monroe，1990；Dodds、Monroe & Grewal，1991；Grewal、Monroe & Kirshman，1998；Smith & Colgate，2007；范绪泉和甘碧群，2004；杨宜苗，2009），出于严谨性目的，本书在提出研究假设前，预先将"感知价值"的维度进行解读。

（一）单一维度

早期，以 Hamel（1994）为代表的学者认为感知价值是单维度概念，虽然学者们对感知价值的单一维度定义各不相同，但其所指均为"利得"。学者们使用单一维度测量消费者"所得"时，要求消费者将其购买所获得的各个"价值"排序（Gale，1994），但是，这种测量方法存在研究者无法控制调研对象对问项理解程度的问题，所以很难判断是否符合研究的初衷（Zeithaml，1988），如表 2－4 所示。

---

① 白琳. 顾客感知价值渠道因素识别与评价方法研究［D］. 南京：南京航空航天大学，2007.

表 2-4 感知价值的单一维度

学者	年份	维度概念
Grewald 等	1998	获得价值
Sweeney、Soutar 和 Johnson	1999	货币价值
Cronin、Brady 和 Hult	2000	服务价值
Lin 等	2005	感知价值

（二）多重维度

当前，学者们普遍将感知价值（Customer Perceived Value，CPV）理解为多维概念（Monroe，1990；Grewal、Monroe & Kirshman，1998；Smith & Colgate，2007；范绪泉、甘碧群，2004；杨宜苗，2009）。认同感知价值的维度与消费的产品或者服务有关（Oliver，1996）。对于感知价值维度的理解，学者们的研究围绕以下几点展开。

1. 二维说

Babin（1994）认为，感知价值由功利主义和享乐主义利益构成，前者是指由需求刺激达成的交易，即商品在谨慎而有效的决策下达成；后者是指由于感性因素达成的交易，比如"好玩"、"有意思"。Chandon 等（2000）将 Babin 的观点进一步细化，认为节省、便捷性、质量也应属于功利主义利益，而娱乐、冒险等享乐内容主要提供的是内在刺激与自我尊重。与此类似，Grewal、Monroe & Kirshman（1998）提出感知价值的维度包括价值与交易价值，其中，价值是指当获取产品或者服务时消费者感知得到的净利益，交易价值是指在交易过程中得到的心理满足或者愉悦。

2. 三维说

Roger（1997）指出经济利益、感知利益和情感利益是感知价值的三个维度。经济利益是指可以用货币衡量的价值创造，如低价、低维修成本等，感知利益是指在产品、品牌和服务上的获利，情感利益是指无形的、不能用货币衡量的利益。Lemmink、Duyter & Wetzels（1997）认为，感知价值的维度是逻辑价值、实践价值和情感价值，情感价值来源于感性因素，实践价值来源于消费的功利性，逻辑价值来源于成本与利益的评价。Hub & Herrman（2000）提出感知价值的新维度——“风险”，该维度产生于产品或服务的交易，可以带来利得或者造成损失。

3. 四维说

Burns（1993）将感知价值的维度归纳为产品价值、使用价值、拥有价值和总评价值。产品价值类似于 Woodurff（1997）提出的产品属性价值，使用价值和拥有价值类似于使用结果价值，总评价值则和目标达成后价值类似。Smith 和 Colgate（2007）在文献归纳总结的基础上，提出了 4×5 的消费者价值创造模型，并将其分为功能/工具价值、成本/牺牲价值、体验/享乐价值和象征/表现价值。Jarvenpaa & Todd（1997）探讨了网络环境中消费者感知价值的构成，认为其包含产品、服务、体验和风险四个部分，并指出可以通过提供高质量、多样性的商品与服务，或者降低价格来提高感知价值。

4. 其他

Sheth、Newman & Gross（1991）将消费者价值分为功能价值、社会价值、情感价值、满足价值和条件价值。Korgaonkar & Wolin（1999）在研究网络需求的前提下提出了感知价值的七个要素：经济性、互动性、社会化、信息、社会逃避、社会性、基于交易的安全和隐私/基于非交易基础的隐私。

从感知价值定义的分析以及维度释义中可以发现，消费者在交易过程中获得的感知价值既可以来源于与产品或服务供应商的实物交易本身，又可以来源于产品或服务供应商提供的无形的心理或精神享受。

（三）本书感知价值的维度

从“理性”的视角研究“感知价值”认为感知价值在于利益与付出的比值（Chang & Wildt，1994；Zeithaml，1988）。感知价值不仅来源于理性所感的实用价值，还应包括心理与精神上的“享乐价值”（Antola，1985；Batra & Ahtola，1991；杨宜苗，2009）。由此推断，消费者对线上零售渠道的感知价值应来源于完善的互动平台、优秀的互动设计、良好而丰富的信息展示以及在互动过程中零售商高效优质的服务为消费者带来的心理体验。

1. 维度划分

多渠道零售环境下，任意一种销售渠道上实现的交易活动并不能完全地被割裂为实用消费或者享乐消费，往往都是两种消费形式并存的，只不过所占的比例有所不同。消费者在实体店也好，在移动渠道也好，在消费的过程中往往是同时兼顾实用与享乐动机的，但不同的情景下可能会偏重于其中某一种。

偏重于实用动机的消费者将参与互动视为完成任务，并以此为导向，以获取实际的结果产出为目的，并根据结果产出评价本次互动的所得；偏重于享乐动机的消费者将互动视为体验和探索的过程，以自身的心理和精神需求为导向，参与的目的是寻找“乐趣”，并根据满足自身心理和精神需求的程度对互动过程进行评价。因而，结合前人的研究成果，本书将感知价值的维度分为使用价值和享乐价值。

2. 维度定义

对于感知价值不同维度的定义，学者们各有见解。Babin（1994）认为，消费者在购物活动中不同看法导致对购物经历不同的评价。消费者评价包括两部分，实用性价值评价和享乐性价值评价。其中，实用性价值评价产生于购买是否通过高效的方法达成；享乐性价值评价来源于购买过程中的乐趣和享受。Holbrook（1996，1999）将消费者价值分为外在与内在维度、自我与他人导向维度和主动与被动导向维度。Holbrook 将外在价值解释为消费行为获得了效能，内在价值是从消费体验获取的价值；自我导向强调自己对自身行为的评价和赞赏，他人导向强调别人对自身行为的评价或认同；主动导向是消费者通过主动控制的形式获取的价值，被动导向是指处于被动地位而获取的价值。Parasuraman & Grewal（2000）将感知价值的维度分为四种，即获得价值、赎回价值、使用价值和处置价值。获得价值是指付出成本之后获得的收益；赎回价值是指放弃产品或者服务时自身所剩的剩余价值；使用价值是指获得产品或者服务的实际收益；处置价值是指获得产品或服务时感受到的快乐。Sweeney & Soutar（2001）建立了基于耐用消费品的感知价值维度，包括品质（绩效）价值、货币价值、社会价值和情绪价值。品质（绩效）价值是指自身感知到的对产品或者服务的期望；货币价值是指对产品长期和短期内成本知觉的下降；社会价值是指使用或者消费产品（服务）带来的自我观念的提升；情绪价值是指使用产品或服务所产生的情感。Han & Han（2001）探讨了网络消费者的感知价值，认为其分为内容价值和脉络价值，内容价值是指消费的产品或者服务，脉络价值是指在消费的过程中获取的感知利益。Mathwick 等（2002）在 Holbrook 对感知价值维度分解的基础上，认为自我导向型消费者的感知价值分为趣味价值、吸引力价值、投资回报率和卓越服务[①]。顾客通过“On - line”消费的是享乐，其表现在整个购买行为的情绪、愉悦和浸入的各个层面（Hirschman & Holbrook，1982）。

综上所述，本书将感知实用价值解释为消费者依据 B2C 互动的设计、内容与实施和零售商的服务质量与态度所产生的主观评价。感知享乐价值为消费者由 B2C 互动中触觉、听觉与视觉而生的心理感受。

三、网络信任的概念

信任的内涵与外延既抽象又模糊，不同学科背景的研究者从各自的专业出发，对信任进行了解释。社会学中，学者们关注不同制度对信任的影响，管理学学者关注信念与动机，而营销学学者则将关注重点放在了施信方对受信方的依靠上。营销学中认为信任的前提是双方都是诚实的，信任是一方对另一方的相信程度，或者是在弱势环境中一方依赖另一方的程度。

信任是除物质和人力资本之外的，决定特定国家经济增长和社会进步的主要社会资本[②]。Luhmann（1979）提出信任不是传统社会独有的属性，而是随着社会进步而成为现代化不可或缺之物，并将信任定义为“对特定任务的期望确信”。Barber（1983）认为信任是对被信任对象履行信托义务的确信。目前，学者们还没有对信任做出能够被广泛接受的定义（Lee & Turban，2001；Lewis & Weigrt，1985；Yoon，2002）。

正如 Wang & Emurian（2005）所指，信任是多维度的概念，包括“认知”、“情感”和“行为”等不同维度。心理学中，信任是个人的个性品质，不同的个性表现出不同的信任倾向；经济学中，信任是一种社会资本（福山，1998），是市场经济最重要的道德基础（张维迎，2001）；营销学中，信任既关乎买卖双方的个人特性，又关乎买卖过程中的交换关系，“能力”、“善意”、“诚实”和“可预测性”是构成信任的主要因素（Preece，2001；Meknigh 等，2002；Gefen，2004；Wu，2010）。

---

① 杨毅．互联网渠道感知价值［D］．大连：大连理工大学，2007.

② 张维迎，柯荣住．信任及其解释：来自中国的跨省调查分析［J］．经济研究，2002（10）：59 - 70.

当前，销售渠道各有属性，与实体渠道相比，移动渠道、网络渠道具有极大的风险性（McKnight，1998）。消费者在移动渠道、网络渠道不能直接地用感官接触产品或服务，不能和零售商直接地、面对面地交流沟通，而且需要先付款后交货、需要第三方物流配送、需要接受售后服务的不确定性，这种交易模式建立在消费者对线上零售这种虚拟的电子交易模式的网络信任上。消费者主观上相信这种虚拟的电子交易模式能够确保产品（服务）质量，能够确保满足自身的消费需求，从而“暗示”或者“说服”自己产生行为意愿（Bock & Kuan，2007）。由此，本书将网络信任定义为消费者相信在线上零售渠道购物能够实现自己期望的信心。

第四节 实体店形象与网络口碑

“形象”是个体对某一事物较为总体的或者较为全面的印象。对某一“形象”的认可度可帮助个体了解、运用或者引发对类似事物的思维活动。个体对某一具体事物的“形象”产生不仅受到客观咨询或者详细说明的影响，还有可能受到实体环境中某些特定主观因素的影响，是一种观念或者意识。Boulding（1956）率先提出了“形象”的概念，认为其对人类的行为具有较大影响。20 世纪 50 年代，学者们开始将“形象”引入零售领域。

一、实体店形象

对实体店形象的界定随着零售业态的发展，不同时期有着不同的特点。综合相关学者的研究结果，将概念内涵大体相同的店铺形象、实体店形象、商品形象等相关概念进行梳理，进而界定本书实体店形象的概念。

（一）基于属性定义

Martineau（1958）将“形象”的概念引入零售研究，认为商品的个性或者形象是消费者对某个商品的定义方式[①]。Aron（1961）指出店铺形象是由多个不

① 吴洪刚．实体店形象对网上购物行为影响研究［D］．武汉：武汉大学，2013.

同“个性”特征组成的综合体。Kunkel & Berry（1968）认为，商店形象形成于以往的购物经验。Lindquist（1974）、Berman & Evans（1995）指出，商店形象来源于消费者在商品购物时感知的功能因素和情感因素。Loemer & Ruyter（1998）认为，实体店形象来源于消费者对不同商店属性的综合感知，由功能要素感知和心理要素感知组成。Bloemer & Ruyter（1998）认为，店铺形象是消费者对各种存在的特征因素（有形的和无形的要素）的整合，有形要素通过消费者客观观察体现作用，无形要素通过消费者主观联想与评价发生作用。Omar（1999）认为，商店形象是消费者在购物过程中所感知的商店全部属性的综合。Engel、Blakwkell & Miniard（2001）进行了类似研究，认为实体店所展示的外在功能性质量和内在心理属性影响实体店形象的产生。王宗琳（2003）认为，店铺形象是消费者对商品综合的印象，是一种多维度的组合。杨宜苗（2009）认为店铺形象是多维度概念，由商品、服务、价格便利性等形象综合构成，并将店铺形象总结为顾客在综合商店功能与情感属性的基础上形成的一种主观感知，是一种对商店的整体感觉。吴洪刚（2013）亦认为实体店形象是多维度概念，由空间、价格、氛围和服务形象构成。

可以发现，学者们从属性角度定义实体店形象多出自购物过程中来源于商店即时存在的属性因素对消费者主观感受的影响。研究早期，学者们很少从动态过程出发对实体店形象的形成做出定义。研究后期，学者们开始认识到动态性对实体店形象形成的影响，并认为实体店形象是综合性概念。

（二）基于互动过程定义

20 世纪 80 年代以后，学者们从互动的角度对店铺形象做出了定义。Mueller 和 Beeskow（1982）认为，店铺形象是来源于特定商店与消费者的相互交流，是特定商店在顾客头脑中形成的所有想象、意见、态度和经验或感觉的综合，包含所有的主观或者客观、正确或者错误的认知。同时，他们还认为店铺形象会在消费者心里长期保留。Mazursky & Jacoby（1986）认为，店铺形象的形成是一个持续的过程，它来源于消费者对店铺存在的不断感知与记忆收入的整合，是消费者主观的推理与判断。Nguyen & Leblance（2001）认为，店铺形象是消费者在与商店互动的过程中对其形成的态度与信念。与此类似，我国学者朱瑞庭和许林峰（2004）亦认为店铺形象的来源之一为消费者与商品的互动，而且这种印象一旦形成就会长期保持并影响消费者后续的行为。

基于互动的实体店形象界定从动态的角度对实体店形象形成的原因进行了阐

述，并指出实体店形象包含广泛的综合性概念。

（三）实体店形象的定义

综合国内外学者的研究成果，可以发现实体店形象是具有整体性或者综合性的概念，实体店形象的形成受到消费者与实体店互动效果以及消费者自身对实体店各种属性感知的影响，实体店形象一旦形成，就具有一定的稳定性与影响力，会作用于消费者未来的消费意愿或者行为。因此，本书将实体店形象定义为消费者在实体店购买过程中对消费经历与消费效果的主观评价。

二、网络口碑

《辞海》中将“口碑”解释为“众人口头上的称颂”，是一种人与人之间的口头相传的评价。相比于传统口碑，网络口碑是“有痕有迹”、“有据可查”、“有证可视”，零售商或者研究人员很容易就可以从特定“站点”（商品评价专栏、会员专区、BBS等）的“口碑”数量与质量、正面与负面、是否成交、成交时效性、成交的数量或质量上判断“口碑”对消费者购买决策或行为的影响。

Arndt（1967）将口碑（Word of Mouth）定义为传播者与接收者之间的、口头的、面对面的交流，而且，接收者认为传播者关于某个品牌或者产品、服务的传播行为是非商业性的。Westbrook（1987）将口碑解释为存在于消费者与消费者之间的关于某种产品或者服务的非正式沟通。Bone（1995）则将口碑解释为非营销人员的、人与人的关于产品或者使用经验的沟通。关于口碑的定义，学者们都承认其是非商业性的，与产品或者服务具有相关性的，而且，口碑也有正负之分。

21世纪末，在网络口碑概念形成之前，学者们早已关注了以电脑为媒介的沟通（Computer - mediated - communication，CMC）。学者们发现由电子技术构建的虚拟环境中存在着类似于现实社会的情感关系。现今，高度发达的媒体沟通与传播技术为用户提供了高效、快速、真实感强烈的交流平台，用户基于互联网的信息与情感交流，与现实社会中的人与人交流同时成为生活中必不可少的环节。在网络中传播自身的消费经验、消费感受与心得或者是使用体会逐渐成为消费者的时尚行为，并引起学者们的研究兴趣，网络口碑（Electronic Word of Mouth），或者说是在线口碑（Online Word of Mouth）或鼠碑（Word of Mouse）成为营销研究的热点之一。

网络口碑是存在于互联网的信息沟通与交换方式（Gelb & Johnson，1995；

Bernd，1997；Christiansen & Tax，2000），或者是基于互联网的客户反馈系统，这种反馈系统具有双向性，是用户就产品、服务或者零售商发表的经验或分享的体会（Christiansen & Tax，2000；Dellarocas，2003；Henning - Thurau 等，2003；金利印，2007）。网络口碑与传统口碑一样，包括正面的或者负面的评价（Bernd，1997；Henning - Thurau 等，2003；董大海，2012）。

网络口碑与传统意义上的口碑具有异同性（Johnson，2000；Gelb 等，2002；Hennig - Thurau 等，2004；程秀芳，2011；田雨，2013），网络口碑与传统口碑都具有非正式或者非商业性，以及正面性与负面性[①]。但是，由于存在与传播的介质不同，传播方式与传播效果差异性较大。本书只是将网络口碑作为感知价值与渠道转换意愿之间的调节变量，故不会展开细致研讨。

结合学者们的相关研究成果，本书所研究的“网络口碑”是广义概念，既包括建立在互联网经济之上的非商业性的沟通与交流，又包括消费者发表的各种消费经验与体会的图文视像组合。

本章小结

互动研究是营销学领域的传统议题。通过文献梳理与回顾，可以发现 B2C 互动的核心是“双向沟通”（Two - way Communication），B2C 互动是零售商与消费者双向的信息交流与情感交往。前期研究中，学者们解释了“网络虚拟系统”中不同形式的互动，如购物网站、游戏网站或者社交网站的具体互动形式（人机互动、人际互动）对消费者行为或者参与人员的行为影响。国内外学者对多渠道零售环境下的渠道转换行为给予了极大关注，建立了“态度—使用意愿—行为绩效”的分析框架，并对线下零售渠道与线上零售渠道的转换行为做出了解释。但是，关于渠道转换行为的研究多建立在渠道属性分类之上，以产品类型、渠道特征、情景、价格与零售商等因素为限研究为什么消费者从一种渠道转向另一种渠道，而没有深入研究在消费者的决策过程中，特定因素对消费者渠道转换行为的影响机制。从相关学者的研究成果出发，本章在梳理概念的基础上，提出了本书研究变量的概念界定，为后续的相关研究提供基础。

① 毕继东．负面网络口碑对消费者行为意愿的影响研究［D］．济南：山东大学，2010.

第三章 理论框架与研究设计

个体会把产生于既有经验的内部知识和来自外部刺激的信息输入相链接，链接的结果或者由此产生的认知会作用于个体的态度、行为意愿或者行动（Wright，1975；Ajzen，1987）。消费者会根据 B2C 互动中操作界面与操控技术的便利程度、互动内容的丰度与效度、零售商的服务质量与态度以及互动层次等项目，对感知价值、网络信任与渠道转换行为作出判断。与此同时，消费者还会根据实体店形象调节对 B2C 互动与感知价值的关系认知，根据网络口碑调节对感知价值与渠道转换行为的关系以及网络信任与渠道转换行为的关系认知。本章以体验理论、期望效用理论、信任理论、元认知理论为基础，通过 TAM 构建 B2C 互动对渠道转换行为的影响研究模型。通过预调研进行测量问卷的初步检验，为大样本问卷调查奠定基础。

第一节 理论基础与研究框架

通过理论可以找出解决具体事件的科学或者系统的方法。通过理论阐述变量与变量之间的关系，可以解释或者预测变量与变量关系导致的结果或者方向。Glanz 等（1997）认为，理论可以适用于多种不同的情况，但理论应有边界。以充分考虑理论边界为基础，本书以 TAM 理论、体验理论、期望效用理论和信任理论、元认知理论构建研究框架。这些理论通过不同角度阐述研究中变量与变量关系的构建，解释并预测研究中的问题或者现象。这些理论在本书中不是孤立存在的，而是互为补充或者联系的。

一、TAM 理论

相关学者以理性行为理论（Theory of Reasoned Action，TRA）、计划行为理论（Theory of Planed Behavior，TPB）、创新扩散理论（Innovation Diffusion Theory，IDT）和科技接受模型（Technology Acceptance Model，TAM）等为基础研究电子商务环境下的消费者行为。其中，TAM 通常被用来测量特定技术与用户使用意向，以及实际使用行为之间的关系①。

1975 年，Fishbein 和 Ajzen 提出了理性行为模型，认为个人的特定行为由其行为意愿（Behavioral Intention，BI）决定，而行为意愿受到态度（Attitude，A）和主观规范（Subjetive Norm，SN）的影响，即 BI = A + SN。1989 年，Davis 以理性行为理论为基础，提出了研究使用者对信息系统接受意愿与行为的模型②，用于说明当时的社会环境中用户接受计算机的决定性因素（见图 3－1）。

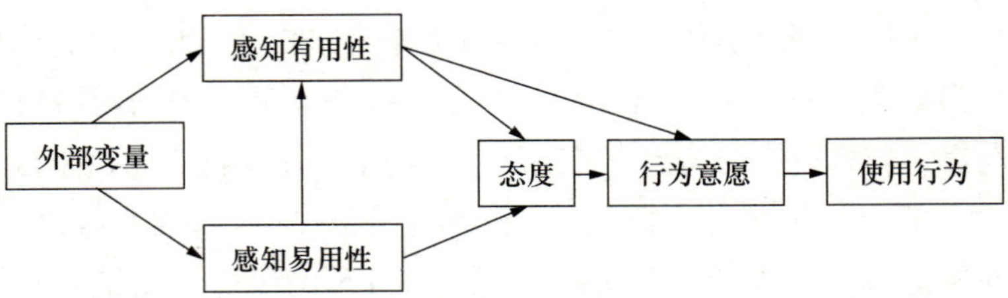

图 3－1　技术接受模型

在 TRA 的基础上，TAM 引入了感知有用性和感知易用性两个变量，使其更加适应信息社会的研究需要，同时，这两个变量的引入更加精确地解释了用户对系统的使用行为，而且桥连了复杂的外部变量和心理/行为变量。由于在实证中没有明确的数据结果证实主观规范与心理/行为变量之间的关系，所以，TAM 将主观规范这一变量规避。2003 年，Legris 对发表在 IS 研究杂志上使用 TAM 进行实证的文章进行汇总，证明支持 TAM 假设的论据具有很大的正面优势③。TAM

① 刘茂长．电子商务技术扩散影响因素模型与实证研究［D］．哈尔滨：哈尔滨工业大学，2009.

② 孙元．技术匹配理论视角的整合性技术接受模型发展研究［D］．杭州：浙江大学，2010.

③ 张朋柱，李欣苗，谢陆宁等．团队创新支持系统理论方法及应用［M］．上海：上海交通大学出版社，2011.

在预测消费者对信息接受程度的态度进而影响其意愿或者行为的可达性约为40%，国内外学者认为需要在TAM模型中增加其他变量，以增强其解释力（Lee等，2003；Legris等，2003）。

互动是人类交往的自然属性（Morris & Organ，1996）。零售商在线上零售渠道中不断更新“互动”技术与手段，不断调整互动方式以优化消费者线上渠道购物的体验（Guiad & Garino，2000；Porter，2001；Vishwanath & Mulvin，2001；周飞，2013）。研究这种建立在信息技术之上的“双向沟通”手段对消费者行为的影响，学者们多采用TAM模型。学者们的研究证明，不论是TAM1还是TAM2，感知有用性和感知易用性均被认为是影响使用意愿的最强因素（Davis，1989；Davis & Venkatesh，2000）。Venkatesh（2003）提出的整合技术接受模型中，也认为感知有用性和感知易用性会极大程度地影响接受行为意愿[①]。同时，不同研究领域大量的实证研究也证明感知有用性和感知易用性对信息系统使用意愿或者行为具有正向的影响（Adams等，1992；Straub等，1995；Jackson等，1997；Agarwal & Karahanna，2000；Hong等，2002；Gefen等，2003；焦勇兵，2011；蒋骁，2011）。

二、体验理论

中国传统文化中“天人合一”与“圜道观”强调运用“体验”思维的方式。不论是《淮南子》，还是朱熹、李渔，都对“体验”进行了阐释。《辞海》中将“体验”解释为“领悟、体察、设身处地”或者是“实行、实践以及以身体之”。前者主要指内心的感悟，后者是指亲力亲为，总之，“体验”的内涵是指通过亲身参与实践改变态度或者认知。

国外学者同样强调“体验”对个人发展与经济进步的重要性。阿尔温·托夫勒（1970）最早将“体验”这一术语引入经济研究，并将其分为虚拟环境体验和真实环境体验。托夫勒认为经济发展将延续“制造经济—服务经济—体验经济”的路径，指出体验可能是服务之后的经济基础。众多学者在托夫勒之后涉足该研究领域。其中，约瑟夫·派恩二世（Joseph Pine Ⅱ）和詹姆斯·H. 吉尔摩（James H. Gilmore）提出的体验经济理论最为突出。他们认为，体验是企业为特定目的提供的，确保消费者以独特的、个性化的方式参与其中的事件，体验是特

① 陶洪，徐福缘．任务技术匹配模型研究综述［J］．研究与发展管理，2012（4）：24－32.

殊的经济提供物。同时，两位学者根据价格定位以及竞争地位，确定了经济价值实现的四个递进过程，即生产产品—制造商品—提交服务—展示体验①，并指出向消费者展示有吸引力的、让人信服的体验产品和体验环境是企业获取持续竞争力的有效途径。

以 Crabone、Schmitt 为代表的学者从管理学角度阐述了消费者体验。Crabone（1994）等认为，消费者体验是消费者在学习、拥有、使用和维护，甚至是放弃产品或者服务时所累积的感知。Schmitt（1999）认为，消费者体验是顾客的一种主观感受，由消费活动中所获得的产品和服务构成，同时，Schmitt 还认为体验要受到感性因素（感官、直觉、情绪、情感）和理性因素的影响。斯科特·罗比特（2001）指出消费者体验是企业与消费者互动沟通中产生的要素的综合。Lasalle D. 、Britton & Terry A. （2003）认为，消费者体验产生于消费者与零售商之间的互动沟通。Christopher Meryer & Andre Schwager（2007）指出，消费者体验是消费者与企业之间直接或者间接的服务接触过程中所产生的感知反应。部分学者从心理学视角阐述了消费者体验的内涵。Csikszentmihalyi（1977）认为，体验流是最优体验的过程，是消费者个体完全浸入某种活动的综合感知。Lofman（1991）综合前人的研究成果，指出消费者体验是感知、想象和情感的综合反映。

我国学者较少从经济学角度阐释消费者体验，部分学者从管理学视角对消费者体验内涵进行了阐述。朱世平（2003）指出消费者体验是消费者为满足自身需要而发生在消费者与企业之间的一种互动行为。汪涛、崔国华（2003）认为，体验产生于企业所提供的消费情景中，由于参与设计、协助推动和浸入感受整个消费过程中所产生的美妙而深刻的感觉。郭红丽（2006）将体验解释为消费者与企业在交互过程中企业对消费者心理所产生的冲击和影响。温韬（2007）提出，顾客体验是指在企业提供的消费情景下，顾客在企业的产品、服务、其他事物等发生互动关系过程中所产生的感知和情感反应。还有部分学者从心理学角度出发，认为消费者体验来源于主观感知。陈英毅、范秀成（2003）指出，体验就是消费者个人的心理、情绪或精神达到某一特定水平时，意识中所产生的美好感觉和感受。张亦梅（2004）认为，消费者体验具有个体差异性，产生于对事件的直接观察或者参与。王龙、钱旭潮（2007）指出，体验强调个人价值的现实感知，是消费者通过个体方式获取的，并在不断满足的过程中逐步深化的精神需求。我国学

① 李艳娥．顾客体验：理论渊源、演变及其梳理［J］．商业研究，2010（2）：31－35.

者涂红伟（2011）以该理论为基础，解释了渠道转换行为与渠道“搭便车”行为，而且对渠道“搭便车”行为进行了实证量化分析，指出渠道“搭便车”者对自身使用多渠道的能力有着极大的自信，这种自信来源于其在传统参照群体和网络参照群体中的体验学习。

三、期望效用理论

现代经济学通常使用期望效用理论分析不确定性决策问题或风险好恶问题。期望效用理论指出在不确定环境下，决策个体通过对各种可能结果的加权估值判断总体效用或者最终收益，决策结果在于获得预期效用最大化或者是决策风险最小化。

多渠道零售环境下，可供消费者选择的信息搜索渠道多样，各种类型的销售渠道在信息性质、质量与获取的便利性上各有所长，“不确定性问题”较之传统零售环境有所增加。如果说传统零售环境中“不确定性问题”来源于顾客在消费产品或者服务过程中所察觉不利结果的可能性（Hansen，1972；Urbany、Diekson & Wilkie，1989；Chiles & McMackin，1996；Mac Crimmon & Wehrung，1990），那么，多渠道零售环境下的“不确定性问题”不仅来源于产品或者服务本身，还来源于销售产品的方式或者渠道。

为了降低“不确定性”带来的负面影响，消费者多数在不同零售商不同销售渠道之间进行信息搜索。信息搜索是为解决问题而从内部自身消费经验或者其他外部信息源中寻求各种信息的努力（Engel、Blackwell & Miniard，1986）。消费者信息搜索过程可分为两个阶段：第一阶段，消费者根据预期并依靠以往的消费经验进行简单的内部信息搜索，例如，在哪种销售渠道购买，什么时候购买，等等；第二阶段，消费者在外部信息源中，如店铺、群体意见、广告中进行外部信息搜索（李东升，2001），例如，究竟哪个零售商的哪种销售渠道服务好、附加价值多，等等。事实上，消费者大多通过产品本身质量、品牌形象以及生产商或者零售商之间实力的比较或者将所有的信息融合在一起进行加工，形成在某种渠道购买的期望效用，并根据期望效用以及某种销售渠道使用过程中所形成的感知价值来判断是否实施渠道转换行为。

之前的假设基础为消费者预知在不同零售商不同销售渠道购买的实际所得利益，如果消费者不了解其他零售商或者不同销售渠道购买的效用，那么，消费者的信息搜索情况以及由此产生的渠道转换行为就会更加复杂。

假设消费者不了解在不同零售商、不同销售渠道对欲购买同一产品的效用，而且消费者倾向于在期望效用最高的销售渠道购买该产品。同时，在不同销售渠道进行搜索的成本是固定的，假设为 C，包括时间成本、精力成本、交通成本，等等；消费者可以免费召回（无任何限制条件、在任意一种销售渠道实现购买），召回的过程中不花费任何成本。

假设不同零售商不同销售渠道不知其他零售商或者其他销售渠道为消费者提供的全面服务，并且不会因为了解其他零售商或者其他销售渠道的服务后，改变自身的服务质量。

假设消费者对概率为 u_1 的不同零售商的不同销售渠道的感知价值为 M，对概率为 u_2 的不同零售商的不同销售渠道的感知价值为 P（$M > P$，$u_1 + u_2 = 1$），如果消费者在不同销售渠道搜索的过程中，找到了感知价值为 M 的销售渠道，就会停止渠道转换行为。

假设消费者已经找到了感知价值为 P 的销售渠道，如果消费者进行渠道转换，则有以下两种可能：

第一，以 u_1 的概率找到感知价值为 M 的销售渠道，那么，渠道转换增加的收益为 $M - P$。

第二，以 u_2 的概率找到感知价值不如 P 的销售渠道，那么，渠道转换的收益为 0。

因此，消费者渠道转换的预期收益为：

$$EB = u_1 \times (M - P) + u_2 \times 0$$

只要 $EB > C$，消费者就会进行渠道转换。

图 3－2 显示，如果消费者在某一种销售渠道的使用过程中，与零售商互动的结果为其带来的感知价值为 R_1，同时，渠道转换的预期收益为 EB_1，$EB_1 > C$，消费者认为渠道转换会为其带来更多的收益，选择渠道转换；如果消费者在某一种销售渠道的使用过程中，与零售商互动的结果为其带来的感知价值为 R_2，同时，渠道转换的预期收益为 EB_2，$EB_2 < C$，消费者认为渠道转换成本较高而预期收益较少，故而放弃渠道转换。图 3－2 说明，在与消费者互动的过程中，零售商为消费者带来的感知价值越高，消费者渠道转换行为发生的可能性越低。如果零售商在与消费者互动的过程中，为其带来的感知价值低于 R，就会促使消费者转向其他零售商或者其他销售渠道。

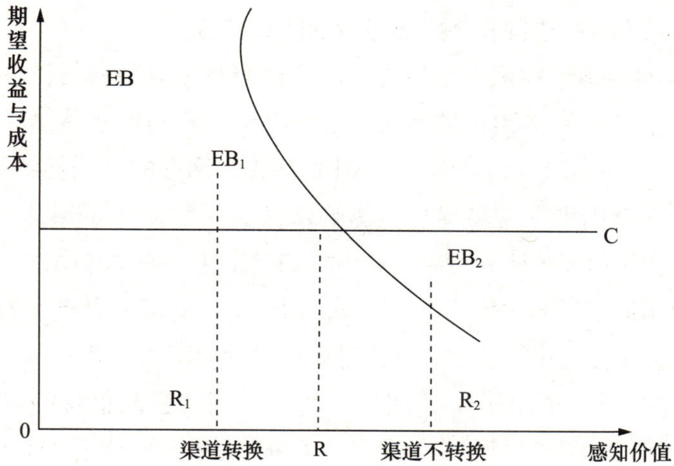

图 3-2 消费者渠道转换策略

四、信任理论

B2C 互动是消费者与零售商于线上零售渠道进行的双向的信息交换与情感交流，是消费者与零售商相互影响并作用的动态过程。依据信任理论，当一方与另一方在互动中体现出可信性时，信任就会产生。

从线上零售渠道交易的层次看，信任是双方交易顺利进行的基础。Das 和 Teng（1998）、程振宇（2013）认为，信任可以达成消费者与零售商或者是个人与个人之间、企业与企业之间的合作关系。这种双方达成的信任可以降低交易成本、减少投机行为的发生，并促使消费者做出购买决策。与传统实体店相比，消费者较难信任线上零售渠道。因此，能否产生对线上零售渠道购买交易的信任是影响消费者线上零售渠道购买决策的主要因素之一。

建立在线上零售渠道之上的网络信任，不仅包括对零售商的信任，还包括对线上零售渠道购物这种交易方式的信任。消费者的网络信任是逐步建立的，是一种建立在与零售商在线上零售渠道反复互动的过程信任。网络信任与相互熟悉相关联，零售商与消费者在线上零售渠道长时间的互动有利于双方信任的产生，消费者和零售商都可通过 B2C 互动的经历去预测对方后续的行为。网络信任是消费者与零售商于线上零售渠道实现交易的基本前提之一，并会对消费者的购买决策产生直接影响。当 B2C 互动使消费者对零售商或者对线上零售渠道购物产生信任时，通过双方进一步的互动完成最后的购买交易。

21 世纪早期，eBay 在网络交易技术以及社会整体对网购信任不足时拥有大量的客户，其原因就在于 eBay 的销售平台、互动策略与购物整体环境有利于信任的产生（Boyd，2002）。Belanger（2001）认为，网站的娱乐性特征，如便利、定制等相比于安全因素在交易前更能影响信任的程度。Koiifaris & Sosa（2004）以网购消费者初始信任为研究对象，认为感知有用性、感知易用性、安全性等因素可以直接影响消费者的初始信任。Wang & Henry（2005）从电子商务平台的研究设计出发，证明界面设计、结果与内容设计、社会因素设计等因素会直接影响消费者对电子商务平台的信任。李明仁（2001）指出咨询信息的丰富程度、用户对虚拟社区的熟悉程度等六项因素会直接作用于消费者的信任。黄卉怡（2002）认为，人机关系、兴趣和交易等体现虚拟社区类型的因素会直接影响消费者对网络的信任。在线上零售渠道中，当消费者对 B2C 互动以及 B2C 互动效果认知不足时，尤其是消费者感知到财务风险、产品问题、隐私与支付安全时（Winch & Joyce，2006），消费者信任的程度就会成为影响购买决策的重要因素。消费者对提供线上零售渠道零售商的信任会降低其对交易风险的感知。

五、元认知理论

认知（Cognition）是指通过形成概念、知觉、判断或想象等心理活动来获取知识的过程，即个体思维进行信息处理（Information Processing）的心理功能。美国学者霍斯顿（J. P. Houston）等（1979）将对“认知”的解释归纳为以下五种：第一，认知是信息加工、整理的过程；第二，认知是在内心进行的符号处理过程；第三，认知是对问题的解决；第四，认知等同于思维；第五，认知是一些相互联系的活动①。认知理论注重对个体思维意识的研究，包括个体对信息获取的研究，个体存储、加工信息的研究，以及个体解决问题方式的研究。

美国学者弗拉维尔认为元认知是个体对自己认知行为进行主动的、积极的监控以及连续调节，元认知反映或者调节个体的认知活动。元认知包括元认知知

① 罗伯特·L. 索绪尔. 认知心理学［M］. 何华主译. 南京：凤凰出版传媒集团、江苏教育出版社，2010.

识、元认知体验和元认知调控。元认知知识包括个体对自身的知识、对认知任务的知识和对认知策略的知识。元认知体验有正有负，是伴随着认知过程产生的认知性体验和情感性体验。元认知调控是个体将正在进行的认知活动作为目标对象，对其进行不间断的、积极的、自觉的监控和调节，即个体会根据自身特点以及认知目的与任务计划、操控认知执行过程，并以认知任务和完成状态为依据调整并采取补救措施，如计划策略、监控策略、评价和补救策略等。

消费者运用元认知的调控策略，能够主动地监察和控制自身的认知过程，如对认知态度、认知学习模式和方式的觉察、对自身认知过程以及结果的反思以及对认知任务完成情况的判断或者预期的再思考，等等。消费者通过元认知或者元认知的调控策略，首先，可以在较为“新鲜或者陌生”的消费环境，提出新消费环境中与原有消费环境或者熟悉消费环境中相似的问题，并制定按原有消费经验分类的方案。其次，在较为“新鲜或者陌生”的消费环境展开认知活动时，监察或者调控认知过程，维持或者修正认知过程。最后，在自身对“新鲜或者陌生”的认知活动形成预判时，通过类似的消费经验总结性地评价自身的认知结果。

六、理论启示

TAM 理论是 B2C 互动对渠道转换行为影响研究的理论基础，解释了 B2C 互动中消费者对 B2C 互动技术、互动内容、互动水平的认同程度为什么会影响渠道转换行为，并且预示了 B2C 互动的不同维度对渠道转换行为可能产生不同的影响。技术接受模型在解释或者预测消费者对某一种技术接受态度上具有积极作用。TAM 的基本思想是感知有用性和易用性可以影响消费者态度（Attitude toward Using），进而影响其行为意向（Behavioral Intention）。技术接受模型认为消费者行为受技术性特征的感知有用性和易用性影响，这些对技术性特征的感知可能成为消费者认知或者情感反应的基础。B2C 互动的作用是将消费者对线上零售渠道某一种技术特征的认知内化于其所拥有的信念中，进而间接或者直接地影响其行为意愿。由此，本书以 TAM 为基础框架，构建多渠道零售环境中 B2C 互动对渠道转换行为的影响模型。以 TAM 理论作为分析 B2C 互动影响消费者渠道转换行为的理论基础，可以更好地理解“双向沟通技术”与“沟通内容”对消费者渠道转换行为的影响程度，在添加其他相关变量（感知价值/网络信任/网络口碑/实体店形象）后，可以更加有效地理解多渠道零售环境下，B2C 互动对消费者渠道转换行为之间的影响机制。

体验理论、期望效用理论是感知价值在 B2C 互动与渠道转换行为关系之间发挥中介作用的研究基础，用于解释由于 B2C 互动的不同层次或者水平对消费者感知的影响，以及这种感知对消费者渠道转换行为的作用。“体验”是消费者了解产品或服务、了解零售商的认知起点。零售商与消费者之间良好的“B2C 互动”环境有利于提升消费者的“良性体验”，进而提升消费者对线上零售渠道的“感知价值”，从而影响消费者的渠道转换行为。零售商与消费者互动为消费者带来的感知价值与零售商的知觉刺激、策略选择密不可分。对于其间的关系，信息经济学中的“信息不对称”给予了最佳解释，即由于零售商和消费者掌控的关于产品、服务信息的不对称，消费者如果对产品、服务的信息掌握过少，就会进行“逆向选择”，导致最终购买的产品或者服务与预期不符（Akerlof，1971）。为了尽可能多地获取相关信息，消费者就要尽可能地扩展信息搜索范围，增加信息搜索渠道。但是，由于个体能力以及搜寻成本的边际递增规律，消费者不能凭借自身的力量获取所有的信息，必须从零售商的信息组合与传递中甄选。零售商需要主动地向消费者提供有效的、真实的、大量的关于产品或服务的信号（品牌、价格、零售商信誉等），以增加消费者的感知价值。否则，如果消费者的感知价值不足，就会选择渠道转换。

信任理论是网络信任在 B2C 互动与渠道转换行为关系之间发挥中介作用的研究基础。基于过程的信任是个体与个体在交往互动中建立的，Zucker（1986）认为消费者和企业之间可以通过良好的声誉和品牌建立基于过程的信任。在线上零售渠道的 B2C 互动过程中，零售商通过传递象征声誉或者品牌的图示或者符号传递信任，通过对潜在购买者的承诺促使消费者对零售商或对线上零售渠道购物产生信任。声誉或者品牌的体现在 B2C 互动交流的积累与反馈，承诺是对当前或今后继续互动的激励。因此，基于过程的网络信任强调信任需要在零售商与消费者互动中产生。对于线上零售渠道来讲，基于 B2C 互动所建立的网络信任是操控性较强的营销方式，零售商可以通过线上零售渠道向消费者展示“诚实、能力与善意”等因素（程振宇，2013），提高消费者对网络信任的感知并促成交易的完成。随着在互动中互动方熟悉程度的加深（Rempel，1985），程振宇（2013）认为良好的互动有助于消费者对线上销售平台的信任程度。因此，本书以此为基础构建网络信任在 B2C 互动与渠道转换行为之间发挥中介作用的研究思路。

本书运用元认知理论解释实体店形象与网络口碑的调节作用。将元认知理论运用到线上零售渠道的消费者行为研究中可以发现，在通过 B2C 互动形成感知价值前或者形成过程中，消费者会将 B2C 互动所产生的效果进行刺激处理或修建，并在此基础上进行分类，将线上零售渠道的 B2C 互动效果归类到原有的消费经验。B2C 互动过程是消费者与零售商于线上零售渠道逐步加深信息交换与情感交流的渐进式过程，由于信息容量有限，个人或者零售商有意或者无意地过滤，并不是所有的信息传递都能被消费者感知。因此，消费者习惯将 B2C 互动的效果进行分类并归属到原有的消费经验中，如此行为首先有利于信息的记忆与储存，其次当刺激信息不完整时，不完整的信息展示可以被分类一致的信息补充完整，进而修正自身的认知过程或者结果。当消费者面临较为陌生或者不熟悉的 B2C 互动时，多数会将现在的或者是正在传递的信息与情感归类于原有的、类似的或者是相同零售商曾经为其创造的“互动体验”中，例如，与同一零售商或者不同零售商在线下实体店曾经的互动体验中，这种原有的“互动体验”会影响或调解消费者对陌生或者不熟悉的 B2C 互动效果的内化认知。消费者试图通过最少的认知努力得到更多、更有效的相关信息，而不是简单的武断。因此，本书选择产生于消费者对零售场所环境与服务要素的感知的实体店形象作为 B2C 互动与感知价值关系之间的调节变量。

元认知理论中指出，个体会对吸收其他来源的总结性评价，修正自身认知结果。移动电话、平板电脑等智能终端设备实时信息传递的功能正改变传统的信息获取方式。以智能终端设备为代表的信息传递媒介具有实时互动的特点，实现了受众跨地域或者跨空间的交流、沟通。多渠道零售环境下，消费者获取信息的途径拓展，接触信息的渠道增加，加之消费者自我意识的觉醒和个性特征的彰显，消费者越来越主动地获取各种口碑以修正自身的判断。在线上零售渠道的使用过程中，消费者根据 B2C 互动产生了对感知价值与网络信任程度的预判，由于需要修正自身的“预判”，消费者对网络口碑采取“选择性”注意，即消费者主动地、有选择地筛选自身需要的和关心的网络口碑，主动摒弃不需要、没关系的，而且这种“注意”的心态与网络口碑的强弱度、对比度和新鲜度等因素有关；在“注意”之后，消费者就会与网络口碑内容接触，并通过接触理解，在“理解”的基础上做出解释从而修正自身在原有认知结果基础之上产生的意愿或者行为。因此本书选择网络口碑作为感知价值、网络信任与渠道转换行为关系之间的调节变量。

七、本书的概念框架

（一）自变量、中介变量与因变量

渠道转换行为作为消费者购买决策行为的一种，受到多种因素的影响。首先，学者们逐步认同“B2C 互动”影响“线上购买决策”。Suntornpithug 等学者将“互动”分为“机器互动性”与“人员互动性”，“机器互动性”、“人员互动性”与消费者的在线购物意愿具有正相关关系，并且“机器互动性”比“人员互动性”对“在线购物意愿”的作用力要大。Koufaris 等（2001）学者认为，网购的体验性对促成交易具有重要作用，而且，互动的程度明显影响网购的乐趣与再惠顾的意愿。赵晓煜、曹忠鹏和李慢（2010）的研究也认为，网络购物由于缺少面对面的沟通和互动而被认为缺乏人际温暖，通过在购物网站设计和沟通特征中设置一些情感和社会线索，能够对顾客的购买行为产生影响。同时，魏守波、程岩（2012）的研究成果也表明消费者与线上“客服”之间有效的互动能够显著影响消费者的购物行为。

其次，在消费者做出购买决策前，感知价值的变化会直接影响其购买行为（Grewal，1998；Sweeney，1999）。Chang & Wildt（1994）通过实证研究证实消费者的感知质量和感知价格会通过影响感知价值的方式间接影响其行为倾向。Couchen Wu & San - san Hsing（2006）通过结构方程模型验证了感知价值对消费者购买意愿的影响，数据分析表明，感知价值对消费者的购买意愿具有显著的正向作用。卢艳峰（2005）认为，成员在社区交往活动中产生的感知价值可以正向影响其购物态度。

最后，在社会转型过程中，伴随着城市化进程的加快，我国正在从“熟人社会”向“生人社会”过渡。传统的社会信任基底受到冲击的同时新的现代社会信任体系尚未建立，人与人之间、人与社会之间的社会信任程度有所降低。以电子商务为研究背景，Gefen（2000）认为，信任是个体对未来预测的相信程度，这种预测认为另一方会按照以往的消费经验采取行动。唐嘉庚从社会互动论与社会交换理论出发，认为信任是参与社会互动的各方通过“互动”过程培养的，并以社会互动论与社会交换理论为基础，构建了“在线互动—信任—购买行为倾向”的理论逻辑，并通过对“我爱我家”网站用户的问卷调研与数据研究证明了该逻辑关系，认为在线互动会对消费者对在线供应商的信任产生积极影响，从而积极影响其购买倾向。蒋侃（2011）指出，网络互动有利于降低消费者对交易结果不确定性的感知，并通过影响信任的方式进而作用于购买行为。程振宇（2013）以社会互动理论、TAM、消费者行为理论和顾客价值理论等为基础，将网络互动分为互动场所、互动特性、互动方式和互动对象四类，以信任为中介变量，网络购买意愿为结果变量，网络互动程度为控制变量，实证指出除自身定位、异步互动、多人互动和虚拟性以外，其他的互动因素均会影响信任，而且网络互动的程度能够积极影响用户信任的程度，并作用于用户的网络购买意愿。学者们已经肯定了“网络信任”在销售过程中的重要性，而且，也从不同角度证明了“网络信任”的形成过程与零售商和消费者“互动”的过程密不可分，并会影响消费者的最终购买决策。

近年来，学者们认同 B2C 互动影响消费者对线上零售渠道感知价值的形成。“互动”是一种通过实现传播者与受众相互作用的传播活动[①]，且这种活动利用各种介质对传播的内容进行反馈（刘书慧，2014）。与此类似，来源于消费者与零售商动态互动结果（Woodruffe 等，1997），如购买体验、购买乐趣（Jarvenpaa，1997）或者非产品的相关感知（Wyner，1998），如“关系”、“畅体验”等（卢艳峰，2006），可以增加消费者对网购的感知价值。与此类似，Ramani G. & Kumar V.（2008）认为消费者对线上零售渠道购物感知价值的形成受到“互动主体与客体之间的持续的、有效的沟通”的影响。Holzwarth 等（2006）研究指出，在网络销售平台上充分利用网页链接沟通技术以及使用“客服”或者“Avatar”，可以提升销售平台对消费者的说服能力。张伟、雷星晖（2012）通过文献整理，将电子商务平台的互动性分为基本互动、高级互动和差异互动三个层次，采用重复测量（Repeated Measure）设计，实证指出互动层次越高，消费者的感知价值越高。

B2C 互动影响消费者网络信任。Jarvenpaa（2005）采用因子回归以及多元回归等方法，以 MBA 学院为调研对象实证指出消费者与购物网站的交流正向影响信任关系的建立，同时消费者与购物网站的交流互动对购物网站信任的正向影响有利于消费者做出购买决策。Gefen（2006）以美国的知名购物网站为平台，以高校学生为研究对象，建立了熟悉、交流、信任和购买意愿的研究框架，通过因子分析方法验证了消费者对购物网站的熟悉程度、与购物网站的交流程度、与信

① 王珂．媒介的互动传播方式与特征研究［D］．杭州：浙江大学，2008.

任的产生以及对购买意愿具有正向影响。

（二）调节变量

B2C 互动对渠道转换行为的影响是消费者最质感的自我认知，是基于自身能力对 B2C 互动效果的判断，在这一过程中消费者极少受到其他因素的影响。

1. 实体店形象

多渠道零售环境下，消费者多是从线下零售扩展到线上零售的多渠道零售商的熟悉者。消费者在接触多渠道零售商实体店的过程中，通过对实体店空间、价格、氛围、服务等因素的认知形成实体店形象，例如，产品是否丰富、价格是否适中、服务是否周到等，这种预判就有可能自然地迁移到消费者对该零售商线上零售渠道价值的感知中。不论通过 B2C 互动零售商为消费者提供的感知价值如何，消费者都会将新形成的线上零售渠道的感知价值与原有的实体店形象归类。Kske & Pavelchak（1986）认为，这种归类分为两种情况，如果双方一致的情况下“态度迁移”，即形成于线下零售渠道的“态度”会延伸至消费者对线上零售渠道的感知。如果双方不一致，消费者将进入更加努力的阶段，即消费者在线上零售渠道通过 B2C 互动获取信息并做出认知判断时，实体店购物的经历和体验就会在头脑中被激活，找到与零售商或者是其他相关信息的关键节点，并拓展到有关于购物风险、时空限制、使用价值、社交需要等节点，从而影响其对线上零售渠道购物的感知价值。

2. 网络口碑

消费者互动广泛存在于零售业中（Martin & Pranter，1989；Harris，1995；Parker & Ward，2000）。口碑（Word－of－Mouth）或者口碑传播（Word－of－Mouth Communicatiom）被认为是消费者与消费者信息传播的形态①，是发生在消费者与消费者之间的信息传播与互动②。

不论是线上零售渠道还是线下零售渠道，零售商与消费者互动的最终结

① Amdt J. Role of Product－Related Conversations in the Diffusion of a New Product［J］. Journal of Maketing，Research，1967，4（1）：291－295.

② 黄孝俊，徐伟青．口碑传播的基本研究取向［J］．浙江大学学报（人文社会科学版），2004，34（1）：125－132.

果是促使消费者做出购买决策。B2C 互动促使消费者做出购买决策，放弃渠道转换行为的直接效果固然重要，感知价值与网络信任的作用也不可忽视。学者们的相关研究证明网络口碑影响感知价值与购买决策的关系。Meouire（1955）从信息源信任理论出发，认为信息接收者对信息来源的熟悉程度、喜好程度、类似程度以及信息来源渠道的物理吸引在一定程度上影响原有认知。如果从口碑信息接收方的角度考量，口碑所蕴含的社会关系感知会影响口碑信息接收方的购买意愿的建立。与此类似，Kempf & Smith（1998）认为，对已知产品信息的再次诊断判定，能够修正对已有产品信息的感知，同时影响最终的购买决策。Pavlou 等（2007）认为对已有感知结果的信息再诊断可以减轻因信息不对称而购买低质产品的可能性。如果网络口碑是可诊断的，消费者将确信自身已经形成的价值判断，进而影响购买决策。同样，也有学者认同网络口碑影响网络信任与购物决策的关系。Chatterjee（2001）通过实验法研究指出不论是实体店还是网络商店，网络口碑均会影响消费者信任对购买行为的改变。

结合上述理论与学者们的研究成果，最终形成 B2C 互动对渠道转换行为的影响研究模型（见图 3－3）。即 B2C 互动影响消费者的渠道转换行为，感知价值在 B2C 互动与渠道转换行为关系中发挥中介作用，网络信任在 B2C 互动与渠道转换行为关系中发挥中介作用。实体店形象调节 B2C 互动与感知价值的关系，网络口碑调节感知价值与渠道转换行为的关系，网络口碑调节网络信任与渠道转换行为的关系。

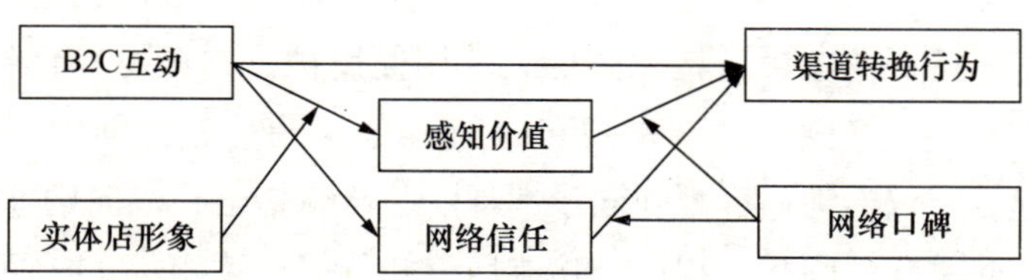

图 3－3 本书的概念模型

第二节　研究假设

一、B2C 互动与感知价值

价值来源于与消费者关系的维持，来源于消费者与产品或服务供应商的互动（Grönroos，2000）。Ablert Bandura（1989）依据心理学和行为学的“感知价值”研究成果，指出消费者的感知价值受到消费者个人的心理、生理特征，以及社会、经济、文化等环境因素的影响，个人的感知价值尤其要受到成长和学习经历的影响。此后，学者们就零售商、消费者、环境和竞争方对感知价值的影响做出了深入研究（Gardial，1994；Perrien & Richard，1995）。Jarvenpaa 等（1997）指出网购者的感知价值由购买体验、购物乐趣以及便利性等因素构成，而且，通过有效互动调整上述因素有利于增加网购者对网店的感知价值。Woodruffe 等（1997）建立了消费者感知价值渠道因素模型，并指出感知价值具有动态性且由驱动因素引致。驱动因素是指由消费者所感受到的、与实现其目标相关的激发物，包括零售商变化、消费者变化和环境变化。Wyner（1998）认为，消费者价值由产品本身属性或者由非产品的相关感知而产生。基于理性的价值判断并不能完全解释消费者感知价值的全部内容（Li，1999）。多渠道零售环境下，特别是线上零售渠道中，价格并不是影响消费者感知价值的单一因素。消费者在使用线上零售渠道时，还要考虑渠道接入条件、使用便捷性、内容可靠性等多重因素。Weon - Sang Yoo 等（2009）以 On - line（在线）零售店铺为研究对象，将互动分解为可控程度、双向沟通程度和同步性程度，研究指出，双向沟通与情感性感知价值具有正向关联，同步性程度与功能性感知价值显著相关，从而得出互动对感知价值具有一定的影响作用。郭国庆、孙乃娟（2012）在中国消费情景下探讨了感知互动类型与体验价值之间的关系，研究指出，“交互导向互动”和“人物导向互动”正向影响消费者的体验价值，“自我导向互动”对消费者的体验价值具有显著的负向影响。

互动过程是为消费者提供体验的过程，同时也是享乐价值的来源过程（周飞，2013）。Firat、Dholakia & Venkatesh（1995）研究指出，消费者参与互动或者参与服务的生产与传递，既可以提高服务效率，又能提高消费者情绪上或者精神上的愉悦感受。LaSalle & Briton（2002）认为，体验价值产生于消费者与产品或服务的供应商一个或者一系列互动，若互动的反应是正面的，消费者就会认同产品、服务或者供应商的价值。与此类似，Klein（2003）研究指出，零售商应该在互联网环境中尽可能地为消费者提供购买的真实性与体验性感知，使用IT技术和界面设计以及构建多方对话平台等措施可以形成类似于真实消费环境中的消费体验。Ghose & Dou（1998）认为，消费者对网站的感知体验价值评价产生于互动性，互动性高的网站，消费者对其感知价值评价也会较高。Keng等（2007）认为消费者与环境的互动有助于提升其享乐价值。互动过程对消费者享乐目标的实现具有促进或者阻碍作用。当消费者与企业互动程度加深时，二者相互依赖的程度会逐步增强，在这个过程中，消费者感知到的收益可能会大于成本。刘文波（2008）研究顾客参与行为时指出，人际互动与消费者感知价值具有显著的正相关关系。涂天华（2008）将购物网站互动分为消费者与网站的互动、消费者与在线供应商的互动以及消费者与消费者之间的互动，并通过验证指出这三个层次的互动均可以通过影响感知品质和感知绩效的方式间接影响消费者的感知价值。

如果以使用与满足理论为基础，从消费者立场出发，则可以认为消费者感知价值来源于销售渠道是否能满足自身需求。鉴于卡茨（1974）的使用与满足理论框架，认为消费者对渠道的期望产生于社会的或者心理的个性需求，与渠道接触的结果是需求的满足或者是其他未预见的结果。20世纪90年代，信息传播技术呈现多元化发展的态势，通过手持移动设备以及互联网传播信息使“受众”与信息传播方具有同等的权利，包括传播权、知晓权、媒介接近权，等等。2004年，中国香港学者祝建华结合创新扩散理论与使用满足理论，提出了“新媒体权衡需求理论”，指出当且仅当传播受众发觉自身生活中的某一重要需求不能由传统媒介满足而又估量另一新型媒介可能满足此项需求时，受众才会选择并持续使用这种新媒介。结合相关基础，可以发现，如果线上销售渠道的信息传播与沟通过程能够解决原有信息来源渠道的短板，如时效性、丰富性、可对比性等，消费者必然会改变对这种渠道感知价值的认知。

综上所述，B2C互动与消费者的感知价值具有关联性。但是，对于线上零售渠道来讲，B2C互动的维度对消费者的感知价值究竟有何影响，还需再进一步探索。鉴于此，本书提出如下假设：

H1：B2C互动显著正向影响消费者感知价值。

由于本书中 B2C 互动具有便捷性、信息共享、响应性和可浸入性四个维度，而感知价值分为实用价值和享乐价值两个维度，由此，本书得到如下分假设：

H1a：便捷性显著正向影响消费者感知实用价值。

H1b：便捷性显著正向影响消费者感知享乐价值。

H1c：信息共享显著正向影响消费者感知实用价值。

H1d：信息共享显著正向影响消费者感知享乐价值。

H1e：响应性显著正向影响消费者感知实用价值。

H1f：响应性显著正向影响消费者感知享乐价值。

H1g：可浸入性显著正向影响消费者感知实用价值。

H1h：可浸入性显著正向影响消费者感知享乐价值。

二、感知价值与渠道转换行为

感知价值能够解释消费者在特定情境之中的偏好和选择行为（Holbrook M. B.，1994），在预测消费者行为上扮演重要角色[①]，提升消费者感知价值是增加企业自身竞争优势（Slater S. F.，1994；Kotler P.，2000）的有效途径之一。

感知价值是影响消费者行为的重要因素，感知价值与消费者行为之间具有直接关系[②]。一般情况下，感知价值与再惠顾意愿正相关（Dodds 等，1991；Lam 等，2004），感知价值越高，消费者的购买意愿越强（Bigne 等，2001；Lews & Soureli，2006）。Zeithaml（1988）研究指出高品质商品并不能直接激发消费者的购买行为，感知价值是影响产品质量与消费者行为关系的中介变量，感知价值对消费者购买意愿或者再惠顾意愿有正向的显著作用（Dodds 等，1991；Chen & Dubinsky，2003；Lews & Soursli，2006）。Drucker 于 1954 年开始了感知价值与消费者行为之间的关系研究，认为是价值而不是产品决定了消费者的购买和消费，价值驱动了大部分的消费者行为。德鲁克（1965）认为，企业通过为消费者创造价值而吸引消费者，进而“创造”消费者，“创造”了消费者等同于完成公司的首要战略。Szybillo 和 Jacoby（1974）指出，消费者产生于产品品质与价格之上的感知价值会直接影响其对商品的惠顾意愿，同时，这种感知价值越高，消费者的惠顾意愿越强，越愿意将商店推荐给亲朋好友。Sheth（1991）认为，消费者

① 杨毅．互联网渠道顾客感知价值研究［D］．大连：大连理工大学，2007.

② 感知价值对消费者行为的影响可以体现在直接与间接影响两个方面，由于研究方式所限，本书仅综述感知价值对消费者行为的直接影响。至于二者之间的间接关系，将另撰文综述。

价值包括“功能价值”、“社会价值”、“情绪价值”、“尝新价值”和“条件价值”。同时，消费者在决策时，商品效能、消费商品的社会意义、商品对自我意识的激发等都会影响消费者对商品的总体评价，进而影响其消费行为。Baker 等（1992）认为顾客对商品环境感知愉快时，会有较高的商品价值知觉和互动知觉，较低的心理成本知觉和时间（努力）成本知觉，进而会产生再惠顾的意愿。Grisaffe & Kumar（1998）认为，感知价值对行为的影响有两种可能性，一种是导致消费者向他人推荐，另一种是导致消费者重复购买行为的发生。Matanovch（1999）认为，消费者愿意为产品支付高价是建立在其对产品的价值认知较高的基础上，当其感知的价值越高，越愿意购买。William Jen & Kai - Chieh Hu（2003）以台北巴士乘客为研究对象，指出消费者的感知价值会正向影响其再购买意愿。在感知价值与购买决策的研究中，还有一部分观点认为感知价值的不同维度对购买决策的影响不尽相同。陈家瑶、刘克和宋亦平（2006）使用结构方程模式建立了“感知牺牲—感知价值—购买意愿”的模型，数据显示，感知价值对购买意愿具有直接的显著影响。王崇、李一军和叶强（2007）指出，顾客对产品利益以及消费风险的感知会影响其感知价值，并最终影响其购买行为。数据分析显示，感知价值越高，购买意愿越强，感知风险越强，购买意愿越小，同时感知价值对购买意愿的影响能力大于感知风险对购买意愿的影响能力。蒋侃（2009）认为，多渠道零售环境下消费者的渠道偏好和购买意愿与感知价值是正相关的关系。杨毅（2009）认为，感知价值是消费者在网络购物环境中是否保持消费者忠诚的重要诱因。崔林（2011）通过对感知价值的维度分解，指出感知价值受到消费动机的影响，感知价值不同，购买意愿不同。魏守波等（2012）研究指出，对网站的娱乐性感知会显著地作用于冲动购买。商浩（2012）将感知价值分解为功能、情感、社会和网络四个维度。通过实证指出，除了情感感知价值，其他三个因子对消费者的在线购物决策具有显著的直接影响作用，影响程度作用的高低排序为：网络感知价值、社会感知价值和功能感知价值。

消费者感知价值与渠道转换行为关系的研究成果较少。本部分列举了线下零售渠道与线上零售渠道消费者感知价值与购买决策的研究成果，取其借鉴意义，本书提出如下假设：

H2：感知价值显著负向影响消费者渠道转换行为。

鉴于感知价值的两个维度，本书得到如下分假设：

H2a：感知实用价值显著负向影响消费者渠道转换行为。

H2b：感知享乐价值显著负向影响消费者渠道转换行为。

三、B2C 互动与渠道转换行为

企业与消费者的互动影响其购买决策。通过线上零售渠道的社会性或者商业性“互动”形式，零售商为消费者提供了更多的产品获取与服务体验方式，同时，这种双向的互动方式亦可以作用于消费者的购买意愿或者决策（Coyle & Thorson，2001；Wu 等，2010）。20 世纪末期，学者们从传统零售环境出发，论证了“互动”效果对消费者购买行为或者购买决策的影响，认为消费者在互动过程中产生的所知、所感会作用于其“态度”或者“满意度”。Wiener、Laforg & Goolsby（1990）实证指出，在与销售方的互动中，如果顾客感觉销售方的营利性较低，那么，销售方强势的信息传递比弱势的信息传递取得的沟通效果要好；如果顾客感觉销售方的营利性较高，那么，只有在消费动机与专业技能相符时才能有良好的互动效果。Andaleeb & Anwar（1996）认为，在互动中，顾客对销售方的专业素质、销售意图和受欢迎度的感知能够影响其对销售方的信任。Campbell & Kirmani（2000）认为，顾客根据可推测的销售方的动机认知销售方，销售方说服动机的可达性越高，顾客的认知水平越强，对其营利性推测的强度就越大，从而导致互动的负面效果。Leigh & Summers（2002）认为，消费者对销售人员的非语言性线索的理解，例如，目光注视与否，言辞的流利程度，衣着手势是否得体等，能够影响其在互动时对销售方的态度。Kirmani & Campbell（2004）认为，顾客在互动过程中会采用寻求策略与防御策略，寻求策略包括询问、建立个人联系、奖励测试，等等，防御策略包括决绝反抗、意识对抗、惩罚、推出，等等。

21 世纪初，学者们将“互动”对消费者行为的研究延伸至“网络”，认为不论是完成于个体与个体之间的，还是完成于个体与组织之间的“在线互动”或者“网络互动”都会影响其行为意愿。Bagozzi & Dholakia（2006）分析小型品牌社区的互动行为，设置了消费者互动参与的前置变量与结果变量，研究指出，互动中消费者所持的预期、主观规范和知觉行为通过影响消费者意愿的方式影响其社会意图与群体行为。李国鑫、李一军（2009）着重分析了电子商务中消费者线下互动对线上行为的影响，指出 BBS（或虚拟社区）中成员的线下互动对个人与社区管理特征、对成员的线上知识贡献具有调节作用。徐小龙、黄丹（2010）以“天涯社区—手机数码”论坛为研究对象，认为成员之间的互动参与性较低，成员之间的“角色”（领袖、回应者、社交者等）会影响消费者的最终消费行为。

在实际研究中，学者们并没有直接指出建立在互联网环境中的 B2C 互动与消费者的渠道转换行为具有直接关系。但是，从相关学者们的研究环境或研究背景出发，可以发现，其研究结果均可以证明 B2C 互动效果越好，消费者对特定销售渠道或者特定技术环境的购买或者使用意愿越强。

鉴于此，本书提出如下假设：

H3：B2C 互动显著负向影响消费者渠道转换行为。

H3a：便捷性显著负向影响消费者渠道转换行为。

H3b：信息共享显著负向影响消费者渠道转换行为。

H3c：响应性显著负向影响消费者渠道转换行为。

H3d：可浸入性显著负向影响消费者渠道转换行为。

四、B2C 互动与网络信任

电子商务环境下，合作方可以在信任的基础上进行信息交换、情感交流以及知识共享，同时，这种合作方之间的互动或沟通又加深了彼此之间的信任。

当前，学者们对存在于虚拟环境中的“网络信任”采用了两种研究视角，基于交易环境的信任和基于交易双方的信任。基于交易环境的信任是出于特殊风险交易环境中的信任主体对自己期望的态度，这种期望指向信任客体在有风险的环境中不要暴露自身的信息（雷强，2007）。基于交易双方的信任是消费者对产品或者服务提供商可信性和善意的感知，或者是一方对另一方表现出的“善意”、“正直”、“能力”和“可预见行为”的信念（McKnight，2002）。

基于“承诺—信任”理论，Morgan & Hunt（1994）认为，互动对象之间的沟通有利于信任关系的建立。与此类似，Kerlinger & Lee（2000）认为，通过互动机制可以判定某一网站是否值得信任。McKnight & Chervany（2002）以电子商务环境中的客户关系为研究对象，认为消费者与在线销售者之间的互动影响消费者对在线销售者态度的判定，进而影响其对在线销售者的信任。唐嘉庚（2006）认为，消费者与在线供应商、购物网站、其他网购消费者之间的互动往来积极性，增强了消费者信任，进而导致与信任相关的行为发生。程振宇（2013）以社交网络为研究背景，实证指出网络互动对信任的影响作用，认为技术性、安全性、网络外部性、个性化等互动要素会影响消费者对社交商务网站的信任程度。

不论是从何种研究视角或者背景出发，消费者对零售商或者在线供应商积极的“投入”，例如，提供较高质量的信息与服务，创造良好的沟通平台，培育消费者使用的努力，等等，这些措施都会增加消费者对零售商或者在线供应商的“网络信任”（McKnight，2002；Gefen，2003；Porter & Donthu，2004；唐嘉庚，2006）。

鉴于此，本书提出如下假设：

H4：B2C 互动显著正向影响消费者网络信任。

H4a：便捷性显著正向影响消费者网络信任。

H4b：信息共享显著正向影响消费者网络信任。

H4c：响应性显著正向影响消费者网络信任。

H4d：可浸入性显著正向影响消费者网络信任。

五、网络信任与渠道转换行为

2010 年至今，商家的“零利润”大战此起彼伏，实体卖场与户外宣传、电视广告轮番播放等多种互动形式充斥消费者的视听。究其原因，可以总结为零售商线上零售渠道整体同质化高，消费者渠道偏好低且价格敏感性高加之标准化商品利于比价。为争夺市场份额，零售商无所不用其极，预期通过各种互动将潜在购买者揽入怀中。如大型门户网站活动、明星代言、举办线上会员活动、促销员专人服务，等等。如果从社会互动以及社会交换理论出发，这种互动的过程就是零售商与消费者之间建立信任的过程。

信任是商务运作的前提。合作方之间的信任可以减少操作流程的复杂性，机会主义行为发生的可能性，并为合作方之间提供必要的弹性。Gefen（2000）认为，消费者对在线零售商的信任作用于其对在线零售商发售商品或服务的购买意愿。McKnight 等（2002）认为，虚拟环境中的人际信任、制度信任和个人信任导致与信任相关行为的发生。Smith 等（2005）认为，消费者信任受到专业性、个人信任倾向以及关联性的影响，进而对顾客行为意愿产生影响。陈蓓蕾（2008）认为，信任是影响消费者网购决策的中介变量。邵兵家等（2010）认为，信任显著影响消费者对购物网站的态度。Hong & Cho（2011）以电子商务市场为研究环境，实证指出消费者信任影响其忠诚度以及购买行为。程振宇（2013）认为，社交网站使用者的信任积极作用于其购买意愿。

鉴于此，本书提出如下假设：

H5：网络信任显著负向影响消费者渠道转换行为。

六、实体店形象的调节作用

2012 年，Target 声称越来越多的消费者在 Target 的实体店收集产品信息后转而在其竞争对手的网络商品购买产品，Target 实体店成为竞争对手网络商店的陈列室①。虽然线上零售对实体店产生了巨大冲击，但实体店购物仍然是零售业的主体。消费者线上零售渠道的购买行为不仅要受到网络购物环境的影响，还要受到实体店形象的影响。

按照分类理论的观点，消费者通过经验、学习或者记忆将外来的资讯按照不同属性或者特征分类，并在此基础上形成自己的类别体系，这种类别体系会成为消费者处理后续外来资讯的标准。当后续的外来资讯与先前的类别体系相符或者相似时，消费者会使用类别体系已有的标准评价该资讯，并做出相应判读。多渠道零售为消费者提供了便捷的渠道选择以及服务体验机会。消费者可以在不同零售商的不同线上零售渠道或者实体店进行互动或体验，并根据互动或者体验的结果判断该销售渠道对自身的存在价值。那么，消费者在线上零售渠道与零售商进行 B2C 互动时，互动状态或者互动结果必然要受到来自其他零售商或者实体店的互动状态或者互动结果影响，由线上零售渠道的 B2C 互动为消费者带来的感知资讯必然会受到建立在实体店形象之上评价标准的影响。Mitchen（2001）指出，实体店形象是零售型企业积累财富的无形资产，鲜明、独特且良好的实体店形象能够使消费者在大量的同类型企业中轻而易举地辨识本企业。与此相似，Baker 等（2002）认为，实体店选址、在实体店选购产品所花费的时间与精力成本以及购物体验等因素会极大地影响消费者再次光顾的意愿。实体店形象作为消费者信息获取的重要来源，对消费者认知某种销售渠道的感知价值具有较大影响，例如，商品的陈列方式、视觉刺激的强弱、销售人员的技巧，等等，这些因素均会影响其对产品获取便利程度或者零售商品牌的体验。消费者会将实体店形象的影响延伸至对某个销售渠道或者某个零售商某种销售渠道的感知，例如，消费者在国美实体店的消费体验（空间布局、价格、销售人员技巧，等等）会对“国美在线”的感知价值认知产生主观作用。

消费者对实体店形象的认知，一旦与线上零售渠道的某个“触点”相连接，

① Zimerman A. Showdown over “showrooming”: Target as Ks Vendors for Help Keeping Comparison Shoppers [N]. Wall Street Journal (Online), 2012-01-23.

便会激起“链接节点”，并由此拓展到对线上零售渠道实用价值、享乐价值的“联想”，从而作用于消费者对线上零售渠道感知价值的产生。

鉴于此，本书提出如下假设：

H6：实体店形象调节 B2C 互动对感知价值的正向影响。

H6a：实体店形象调节便捷性对实用价值的正向影响。

H6b：实体店形象调节信息共享对实用价值的正向影响。

H6c：实体店形象调节响应性对实用价值的正向影响。

H6d：实体店形象调节可浸入性对实用价值的正向影响。

H6e：实体店形象调节便捷性对享乐价值的正向影响。

H6f：实体店形象调节信息共享对享乐价值的正向影响。

H6g：实体店形象调节响应性对享乐价值的正向影响。

H6h：实体店形象调节可浸入性对享乐价值的正向影响。

七、网络口碑的调节作用

20 世纪 90 年代，关系营销的影响力使零售商逐渐重视将潜在的消费者转换为现实的购买者（Sheth & Parvatiyar，1995），在这一过程中，“口碑”发挥了重要作用。Bristor（1990）指出，口碑对于消费者来说具有较高的说服力和影响力，是作用于消费者决策且使用频率最高的信息来源（Gremler，1994），同时，我国学者陶卉（2005）也提出了类似观点，认为口碑是“增生反应堆”，是消费者购买行为的触发器，其在信息评估、分析和后续决策的影响更为显著（梦非，2012）。“口碑”的研究议题较大，不同群体、不同类别与不同特征的消费者口碑传播行为的表现差异明显，作用结果迥异。传统口碑发生在私人社交圈，其范围较小，而且发生时间较短，转瞬即逝，很难确定消费者特定的决策与行为是受哪次“口碑”的影响。鉴于此，本书暂时将传统口碑对消费者的影响列为继续研究的方向之一。

当前，学者们认为网络口碑影响感知价值与消费者购买决策的关系。例如，Gershoff 等（2001）指出，消费者在决策过程中常常会借鉴消费者经验更丰富、更有见识或者更愿意花费时间以及精力进行信息搜索与评估的人员的意见。Liu（2006）认为，口碑方向可以改变消费者已经形成的“态度”，积极的口碑可能会改善消费者预先产生的负向感知。钟凯（2013）使用分层回归的方法，证实在线口碑调节感知价值与消费者购买决策之间的关系，认为正面在线口碑会促成购买意愿的形成，负向在线口碑会对购买意愿的形成产生阻碍。

鉴于此，本书提出如下假设：

H7：网络口碑调节感知价值对渠道转换行为的负向影响。

H7a：网络口碑调节感知实用价值对渠道转换行为的负向影响。

H7b：网络口碑调节感知享乐价值对渠道转换行为的负向影响。

基于调节定向理论，Lee & Aaker（2006）以葡萄汁广告为例研究指出信息传递的正向框架利益（葡萄汁具有活力）与促进个体适配一致时，促进个体会认为这种正向框架利益是产品本身应有的属性，不会对最终的消费决策产生强烈影响。但是，如果信息传递的负向框架利益（预防血栓）与预防个体适配一致时，预防个体会增加对原有概念的信任程度，广告说服效果发挥得更好，消费者购买的意愿越强①。影响网络信任的前置变量主要有消费者倾向、卖方信任、技术维度和互联网因素（Tan & Sutherland，2004；Kim 等，2005；严中华，2004）。其中，建立在互联互通与电子交易层次上的互联网因素由于受到制度、联通条件等宏观环境限制，消费者个人难以形成对互联网因素完整的校验，当面对不确定性决策时，消费者向内不能由自身做出判断就会向外寻求相关辅助，从而降低自身的努力程度。口碑影响消费者倾向与卖方信任是不争的事实（Engel、Kegerreis & Blackwell，1969；Richins & Root - Shaffer，1988；金立印，2007）。Brown、Broderick & Lee（2007）以社会网络理论为基础，在充分考虑用户与网络平台之间关系的前提下，对网络口碑与消费者评价、与购买意愿之间的关系进行了实证研究，研究指出如果将网站作为口碑的传播来源，网站的同嗜性正向作用于站点的关联强度，同时，网站的同嗜性与站点的关联强度又同时作用于来源的可信性，并且将最终作用于信息的评估与购买决策。B2C 互动通过向消费者传递、交换与分享信息的方式促进了消费者网络信任的形成。任何一种销售渠道都不可能回避口碑对互动行为结果的影响。消费者通过 B2C 互动形成网络信任后（Koufairs，2004；张群、王阳，2005；张仙锋，2005），会对网络信任的产生进行归因，如若消费者将信任的产生归为卖方信任，消费者就越会关注网络口碑对零售商的评述（Mira 等，2009）②；如若消费者将网络信任归因为 B2C 互动产生的消费者倾向，消费者就会关注网络口碑中对自身消费经历或者

① Lee A. Y.，Aaker J. L. Bringing the Frame into Focus：The Influence of Regulatory Fit on Processing Fluency and Persuasion［J］. Journal of Personality and Social Psychology，2004，86（2）：205 - 218.

② Lee Mira et al. Electronic Word of Mouth（eWOM）How eWOM Platforms Influence Consumer Product Judgement［J］. International Journal of Advertising，2009，28（3）：473 - 499.

产品的描述；优质高效的 B2C 互动会提升消费者对整个互联网购物的信任，如果消费者将网络信任归因为互联网因素的优化，那么就会更加关注网络口碑中关于欺诈或者受骗的制度性原因阐述。不论消费者将网络信任的产生归因于哪一种因素，网络口碑所传递的内容均会影响网络信任与渠道转换行为的关系。

鉴于此，本书提出如下假设：

H8：网络口碑调节网络信任对渠道转换行为的负向影响。

八、本书的研究模型

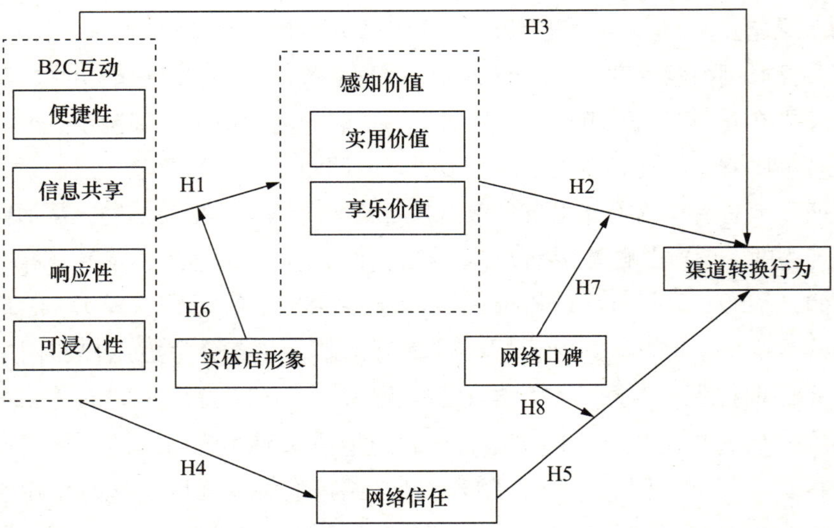

图 3-4　本书的研究模型

第三节　研究设计

通过问卷调研方式获取相关数据与资料，并以此为基础进行 B2C 互动对渠道转换行为的影响研究。

一、计划与执行流程

第一，在文献回顾的基础上凝练变量的操作性定义与测量指标。

第二，通过专家访谈完成对问卷的初期检验，并根据专家意见修正量表。

第三，选定不同区域的200名具有渠道转换经历的消费者进行预测试，并根据测量结果修订量表。

第四，在前三个步骤结果的基础上形成正式的调研问卷。

二、变量的测量

B2C互动需要消费者与零售商在线上零售渠道共同完成，需要消费者的“点击”与零售商的“应击”同步与一致。为了衡量消费者对B2C互动的真实感知与实际使用效果，原则上需要同时测量零售商与消费者的所知、所想。但是，本书的重点在于从消费者视角出发，探索在这一过程中B2C互动对消费者渠道转换行为的影响机制。由此，在测量过程中将从消费者视角入手，以相关学者完成的成熟量表为基础，结合建立在线上零售渠道B2C互动的特征与消费者行为的特点，提出各个变量的测量方式。

（一）B2C互动维度的测量

1. 便捷性与信息共享的测量

线上零售渠道由信息技术驱动形成，学者们在测量消费者对建立在信息技术之上的线上零售渠道接受意愿时多从TAM模型出发，借鉴“感知易用性”与“感知有用性”的定义，测量个体对整体系统的使用意愿与行为。前期研究中，“易用性”的核心被定义为从消费者视角出发的“便于个体使用的程度”（Davis，1989；Gefen，2003；Venkatesh，2003；唐嘉庚，2006；焦勇兵，2011）。随着电子信息技术的发展，“便”与“捷”的定义也在不断延展。对“便”与“捷”的理解已经从最开始的依托有线网络在特定的时间、特定的地点使用台式机发展到依托无线网络随时随地使用智能终端设备。因此，在“便捷性”的测量中，应考虑这种“个体便于使用程度”下的互动方式对消费者来讲是否为“无时空限制”，是否为消费者认为的紧跟电子科技潮流。“有用性”的核心是“使用者确信操作特定系统或者使用某种方法后，将会提高工作绩效或者学习效果的程度”（Davis，1989；Gefen，2003；Venkatesh，2003；焦勇兵，2011）。学者们关于“有用性”的定义涵盖了 B2C 互动内容中对信息丰度的测量标准，具有极大的可取性，本书在设计“信息共享”问项时将多多借鉴。但是，互动过程中，消费者参与在满足自身信息搜索需求的同时，也为零售商收集消费者信息提供了素材。零售商会根据消费者搜索痕迹结合其他消费者相关数据，为消费者提供与信息搜索目的相适应的“应用”推介或者“产品”推介。传统“有用性”定义并未涉及此点，本书将设计相关问项进行补充。

在借鉴前人研究成果的基础上，根据研究内容做适度修改，提出“便捷性”与“信息共享”的操作性问项，如表 3－1 所示。

表 3－1　便捷性与信息共享的测量问句设计

<table>
<tr><th>维度</th><th>编码</th><th>操作性问项</th><th>文献来源</th></tr>
<tr><td rowspan="4">便捷性</td><td>GY1</td><td>很容易就能熟练地使用这种渠道</td><td rowspan="4">Hagel & Armstrong（1997）；Fesenmaier（2002）；Davis（1989）；Gefen & Steaub（2000）；Pavlou（2003）；Park（2004）；Zeithaml（2002）；Wolfinbarger（2003）；Parasuraman（2005）；杨毅（2007）</td></tr>
<tr><td>GY2</td><td>很容易就能从这种渠道获取相关产品或服务的信息</td></tr>
<tr><td>GY3</td><td>操作系统更新快</td></tr>
<tr><td>GY4</td><td>使用时无时空限制</td></tr>
<tr><td rowspan="4">信息共享</td><td>GO1</td><td>依托这种渠道，我能够获取足够的购物参考信息</td><td rowspan="4">Gefen 等（2003）；Pavlou（2003）；Park（2004）；Zeithaml（2002）；Wolfinbarger（2003）；Parasuraman（2005）；杨毅（2007）</td></tr>
<tr><td>GO2</td><td>使用这种渠道提高了信息搜索效率</td></tr>
<tr><td>GO3</td><td>其他消费者信息搜索的痕迹有据可查</td></tr>
<tr><td>GO4</td><td>零售商提供的“佐证”信息有效</td></tr>
</table>

2. 响应性的测量

沟通、交流过程中的响应性表现在反馈之上，Alba 等（1997）认为，互动由响应时间（反馈的速度）和响应适应性（一方意愿或者行动受另一方影响的程度）组成。Yin（2005）认为，响应性是后续信息对前方信息承接的速度和关联性程度。唐嘉庚（2006）将响应性定义为消费者感知到的与“我爱我家”的客服代表沟通中客服代表回复的及时性与回复答案的相关性。通过总结可以发现，响应性的定义强调速度与质量。

现实中，如果零售商对消费者的响应性强，那么消费者在沟通、交流的过程中可以快速地获取高关联性的信息，进而产生对“效率”、“效能”和“愉悦”的感知。鉴于此，本书认为响应性是零售商通过客服对消费者进行专项服务时表现的专业素质和技能，并通过以下问项进行测量，如表 3-2 所示。

表 3-2 响应性的测量问句设计

编码	操作性问项	文献来源
XY1	“客服”能够及时回答我的问题	Rafaeli (1997); Yin (2005); JiHee Song & George M. Zinkhan (2008)
XY2	“客服”的回答与我的问题密切相关	
XY3	“客服”乐于与我沟通、交流	
XY4	“客服”的接入方式便捷	

3. 可浸入性的测量

“愉悦”不仅对产生于实体渠道的购买决策有关键性作用（Blakney & Sekely，1994），而且对非实体渠道的购买决策也起到重要作用（Jarvenpaa & Todd，1997）。消费者的需求层次是由低至高的，当信息搜索的要求被满足后，消费者需求层次将上升到精神层面，将会选择带给自身更加“Flow”（爽/畅）①、更加“有趣”，或者更加“有意思”的零售商或者渠道。传播学强调互动完成于“媒介”对“使用者”需求的满足，互动不仅要满足使用者“审美”的需求或者“感官需要”，还要满足使用者偏好或者行为习惯的需要。在互动传播的研究中，满足感官需要来源于视觉、听觉、触觉和味觉刺激，满足偏好或者行为习惯需要来源于“媒介”研发者对个体行为的体会与感受。可见，B2C 互动中感官需要的满足在于消费者所能感应到的“刺激”来源，如听觉、视觉和触觉；满足偏好或者行为习惯的需要则来源于“听觉、视觉和触觉”的触发程度，如视频的音像越清晰，唤醒的感官深度越强。鉴于此，本书将可浸入性定义为在 B2C 互动给使用者带来的感官冲击中，并提出相应的操作性测量问项，如表 3-3 所示。

① 范晓屏，马庆国．基于虚拟社区的网络互动对网络购买意向的影响研究［J］．浙江大学学报，2009（4）：94-101.

表 3-3 可浸入性的测量问句设计

编码	操作性问项	文献来源
TY1	该渠道操作方式舒适	Hagel 等（1997）；Rheingold（1993）；Zeithaml（2002）；Wolfinbarger（2003）；Parasuraman（2005）；杨毅（2007）
TY2	该渠道有视觉冲击	
TY3	该渠道有听觉冲击	
TY4	该渠道有娱乐功能	
TY5	零售商常会在该渠道推出适合"我"的主题活动	

（二）感知价值维度的测量

当消费者想要搜索信息时，无非要做两种决策，到"哪条"渠道搜索信息，去"谁的"渠道获取信息。到"哪条"渠道会影响信息搜索的方式或者途径，而去"谁的"渠道获取信息强调的是在信息搜索过程中获得什么样的体验。所以，对于拥有相同渠道的不同零售商而言，其设计并实施的"互动"要在消费者心中具有不同的感知价值。

杨毅（2007）通过对消费者感知价值量表的总结，结合经验调查和专家意见，并进行定性访谈之后，提出了互联网渠道顾客感知价值的测量内容分析，如表 3-4 所示。

表 3-4 感知价值的测量内容分析

子编码	频次
决策容易、学到新的东西、有意思、新鲜	小于等于 10 次
能买到需要的东西、简单、迅速、时尚、舒服	11~19 次
价格便宜、实惠、方便、效率高、轻松、愉快	20 次及以上

资料来源：根据杨毅（2007）相关成果整理。杨毅. 互联网渠道感知价值［D］. 大连：大连理工大学，2007.

根据杨毅等学者的研究基础，本书结合 B2C 互动的属性与维度，以及 B2C 过程中消费者的心理变化，提出感知价值的测量问句，如表 3-5 所示。

表 3-5 感知价值的测量问句设计

维度	编码	操作性问项	文献来源
实用价值	SY1	我觉得这种渠道的购物流程特别适合我	Sweeny & Souter（2001）；井深（2006）；Babin（1994）；Lapierre（1999）；王永贵（2005）
	SY2	这种渠道的服务质量达到了我的标准	
	SY3	使用这种渠道能够让我更便捷地做出决策	
	SY4	使用这种渠道能增进我对零售商的进一步了解	
享乐价值	XL1	使用这种渠道让我有新鲜感	Sweeny & Souter（2001）；Smith（2002）；Arjun Chaudhuri & Morris B. Holbrook（2001，2002）；Mathwick（2002）；王永贵（2005）；陶晓波（2011）
	XL2	使用这种渠道让我很有成就感	
	XL3	使用这种渠道带给我愉悦感	
	XL4	我愿意使用这种渠道	

（三）渠道转换行为的测量

本书将渠道转换行为定义为消费者于信息搜索与购买交易过程中在不同类型销售渠道之间使用行为的单向转换过程，既包括消费者在同一零售商销售体系内部渠道类型的转换，又包括在不同零售商之间不同类型渠道的转换。

对于零售商来讲，期望消费者在某种渠道完成信息搜索后，立刻转入购买交易状态，任何一种渠道都能成为消费者的购买渠道。但消费者并不如此。在实际消费过程中，消费者往往首先选择多个线上信息搜索渠道，逐一搜索、对比之后，依据感知价值做出判定——信息搜索还是购买交易，简单的形容就是“看看就走”还是“下单订货”。

如果消费者前期没有参与过其他渠道的 B2C 互动，那么，其对当前渠道的价值判定基本上是单一的或者主观的，参与当前渠道 B2C 互动所产生的感知价值、网络信任有可能是“不稳定的”、“易变的”，即使是在 B2C 互动水平非常好，感知价值和网络信任很高的情况下，其在该渠道实现购买交易的意愿也有可能是不强烈的，或者说实体店形象、网络口碑的调节作用有可能是显著的，简单地形容就是“虽然很好，但是再看看别的”，渠道转换行为发生的可能性较强；反之，如果互动效果不好，消费者对其渠道功能的判定结果也是他人较难“知晓的”，其自身亦认为是不全面的。如果消费者前期已经在其他渠道进行过信息搜索或者说是已经参与过“某种”互动，那么，其对当前渠道价值的判定标准必然是综合的、客观的，参与当前渠道互动对感知价值、网络信任、渠道转换行为的影响基本上是唯一的。

不论消费者是否参与过其他零售商相同渠道或者是不同零售商不同渠道的互动，前期的相关经验积累必然会在本次互动中体现，其体现在 B2C 互动以及 B2C 互动通过感知价值、网络信任影响消费者渠道转换行为的过程中。为了综合、全面、系统地理解 B2C 互动以及 B2C 互动通过感知价值、网络信任影响消费者渠道转换行为的作用路径，本书在 Ajzen 和 Fishbein（1980）构建的购买意愿测量量表之上，结合其他学者研究成果，设计了测量渠道转换意愿的问项，如表 3－6 所示。

表 3－6　渠道转换行为的测量问句设计

编码	操作性问项	文献来源
QD1	已经搜索其他渠道，我愿意在本渠道购买的意愿	Ajzen & Fishbein（1980）；Urbany、Dickson & Kalapurakal（1996）；Ratchford B. T.（1997）；Noble、Griffith & Weinberger（2005）
QD2	没有搜索其他渠道，本次互动效果好，我愿意在本渠道购买的意愿	
QD3	没有搜索其他渠道，本次互动效果不好，我愿意在本渠道购买的意愿	

（四）实体店形象的测量

实体店形象与零售环境密切相关。实体店形象来源于消费者对零售场所环境与服务要素的感知，是一种存在于消费者心目中的主观判定。

学者们对实体店形象的维度划分有不同的标准。例如，两维说——物质/精神、功能与情感（Martineau，1958；Lindquist，1974；黄丽慧，1998），三维说——商品/商店、价格、便利性（Stuart & Portis，1964；Zimmer & Golden，1988；Grewal 等，1998；Wong & Teas，2001），四维说——商品、商店、价格与服务（Dennis & Norbert，1964；Pathak & Sweitzer，1974；Sirohi、Mclaughlin & Wittink，1998；宋思根，2006；吴洪刚，2013）。此外，Fisk（1962）、Byoungho & Kim（2001）、Thang & Tan（2003）、汪旭晖（2007）提出了六维说，包括商店、服务、广告/促销、环境/氛围、便利性以及价格。杨宜苗（2010）以百货、超市和购物中心为研究对象，指出实体店形象维度包括商品、服务、价格、便利、促销、气氛、设施和声誉，并且认为不同业态的实体店形象包含维度的侧重点不同。汪旭晖和徐健（2010）将社会形象纳入实体店形象的研究范畴，认为实体店形象包括便利性、店铺、环境、人员服务、店内商品、价格与促销、售后服务等要素。

本书借鉴 Mclaughlin & Wittink（1998）、汪旭晖（2007）、杨宜苗（2010）、吴洪刚（2013）等学者对实体店形象维度的划分，从便利性、价格、服务和商品四个要素测量实体店形象，如表 3－7 所示。

表 3－7 实体店形象的测量问句设计

编码	操作性问项	文献来源
ST1	实体店购物是省时省力的	Martineau（1958）；Lindquist（1974）；汪旭晖（2007）；杨宜苗（2010）
ST2	实体店与线上零售渠道的商品价格一致	
ST3	实体店购物经历愉快	
ST4	实体店与线上零售渠道提供的商品种类一致	

（五）网络信任的测量

本书将网络信任作为 B2C 互动与渠道转换行为之间的中介变量。测量问项在国内外已有的测量项目上完善而成，如表 3－8 所示。

表 3－8 网络信任的测量问句设计

编码	操作性问项	文献来源
XR1	我认为线上零售渠道发布的信息都是真实的	Preece（2001）；McKnight 等（2002）；Gefen（2004）；杨毅（2007）；程振宇（2013）
XR2	线上零售渠道购物能够保障我的权益不受侵害	
XR3	线上零售渠道购物是有保障的	
XR4	线上零售渠道销售的商品能够满足我的需求	

（六）网络口碑的测量

学者们通常使用口碑发送者专业性（Netemeyer & Bearden，1992；Mtchell & Dacin，1996；Gilly 等，1998；陈蓓蕾，2008；毕继东，2010；程秀芳，2011；梦非，2012；潘可心，2013）、口碑接收者专业性（Bansal & Voyer，2000；程秀芳，2011）、口碑传播者与接收者的关系强度（Frenzen & Davis，1990；Gilly 等，1998；Bansal & Voyer，2000；陈蓓蕾，2008；程秀芳，2011；潘可心，2013）、口碑数量（Schubert & Selz，1999；Chatterjee，2001；Fan 等，2012；樊偿，

2013)、口碑质量（黄莹、朱建荣，2012；樊偿，2013）等变量测量口碑对消费决策的影响，同时，学者们也认为信任或信任倾向（Mayer，1995；Gefen，2000；Lee & Turban，2001；Ridings 等，2002；罗时鑫，2007；毕继东，2010；潘可心，2013）、品牌印象（Grace & O'Cass，2005；毕继东，2010）、产品涉入（Zaichkowsky，1985，1994；毕继东，2010；王前进，2010；梦非，2012）、网络涉入（Zaichkowsky，1985，1994；Barki & Hartwick，1989；Barki & Hartwick，1994；阚克儒，2004；毕继东，2010；王前进，2010）、感知风险（Cunningham，1967；Banasl & Voyer，2000；毕继东，2010；潘可心，2013）等因素会在口碑对消费者决策的影响过程中发挥作用。

多渠道零售环境下，消费者通过搜索与对比，多方了解产品与渠道的相关信息，对欲购买产品或者购买渠道具有丰富的经验与知识，因而对口碑的辨识能力较强，口碑发送者与口碑接收者的专业性以及双方的关系强度、口碑数量、质量等变量对其决策的影响力度稍弱。结合本书研究的实际需要与模型设计，仅从网络口碑影响力测量其对消费者的影响，并根据实际研究需要，做适度修改，如表 3 -9 所示。

表 3 -9　网络口碑的测量问句设计

编码	操作性问项	文献来源
KB1	该渠道提供了我从未关注的信息	Bansal & Voyer（2000）；Man Yee Cheng 等（2009）；程秀芳（2011）
KB2	该渠道信息与其他渠道的信息观点不同	
KB3	该渠道信息改变了我对产品或者零售商的看法	
KB4	该渠道信息对我有真正的帮助	

三、预调研

为保证问卷测量的有效性与准确性，本书进行了预调研，以期在预调研结果的基础上，根据消费者对问卷题项的理解与反馈，完成问卷题项的修订，最终形成正式问卷。为了保证问卷测量的准确性，问卷测试初始即告知被调查对象本次调研的目的以及匿名填写的方式，同时，按照李克特五级量表加以评断，5 表示非常同意，1 表示非常不同意。

（一）方式与对象

预调研采取专人解释并发放的方式。首先选取 10 名在使用线上零售渠道过程中转换过信息搜索与购买交易渠道的在校学生（3 名博士生、4 名硕士生和 3 名本科生），为其详细解释问卷题项，保证其理解无误。之后，由 10 名学生于 2014 年 8 月再选择 20 名以上消费者作答问卷。本次预调研共收集问卷 210 份，其中有效问卷 210 份。样本受访者特征如表 3 – 10 所示。

表 3 – 10 预调研受访者特征统计

特征	分类	样本数量（人）	百分比（%）	特征	来源省份	样本数量（人）	百分比（%）
性别	男	93	44.29	地区	上海	20	9.5
	女	117	55.71		湖北	40	19.05
年龄（岁）	15 ~ 20	5	2.38		北京	30	14.45
	21 ~ 25	24	11.43		山东	20	9.5
	26 ~ 30	97	46.19		天津	20	9.5
	31 ~ 40	75	35.71		内蒙古	20	9.5
	41 ~ 50	9	4.29		陕西	20	9.5
月均收入（元/月）	2000 以下	10	4.76		辽宁	20	9.5
	2000 ~ 3000	11	5.24		四川	20	9.5
	3001 ~ 5000	59	28.10	学位	本科及本科以下	183	87.14
	5001 ~ 8000	66	31.43		硕士	22	10.48
	8001 ~ 15000	46	21.90		博士及博士以上	5	2.38
	15001 以上	18	8.57				

（二）问卷的项目分析

本书涉及的变量共有 B2C 互动、感知价值、渠道转换行为、实体店形象、网络信任和网络口碑，为保证测量题项的独立性，对变量进行相关分析、独立样本 T 检验与探索性因子分析。

1. Person 检验

首先，使用 SPSS 19 将问卷中的反向得分正向处理，调整问卷得分的一致性后计算量表的总得分。其次，使用皮尔逊积差相关，检验测量题项的相关性，检验结果如表 3 – 11 所示。

问卷题项的 Person 系数均大于 0.4，根据吴明隆在《SPSS 统计应用实务》中提出的检验标准，认为问卷题项的相关性较好，适于进一步的校验。

表 3－11　预测试问卷测量题项的相关性检验（置信区间 95%，N＝210）

变量	维度	编号	Person 相关性	Sig.	变量	维度	编号	Person 相关性	Sig.
B2C 互动	便捷性	GY1	0.819	0.000	感知价值	实用价值	SY1	0.706	0.000
		GY2	0.843	0.000			SY2	0.716	0.000
		GY3	0.827	0.000			SY3	0.726	0.000
		GY4	0.791	0.000			SY4	0.739	0.000
	信息共享	GO1	0.786	0.000		享乐价值	XL1	0.802	0.000
		GO2	0.769	0.000			XL2	0.785	0.000
		GO3	0.758	0.000			XL3	0.785	0.000
		GO4	0.764	0.000			XL4	0.779	0.000
	响应性	XY1	0.771	0.000	实体店形象		ST1	0.819	0.000
		XY2	0.776	0.000			ST2	0.843	0.000
		XY3	0.794	0.000			ST3	0.827	0.000
		XY4	0.782	0.000			ST4	0.791	0.000
	可浸入性	TY1	0.662	0.000	网络信任		XR1	0.746	0.000
		TY2	0.802	0.000			XR2	0.786	0.000
		TY3	0.785	0.000			XR3	0.819	0.000
		TY4	0.773	0.000			XR4	0.828	0.000
		TY5	0.775	0.000	网络口碑		KB1	0.769	0.000
渠道转换行为		QD1	0.776	0.000			KB2	0.758	0.000
		QD2	0.795	0.000			KB3	0.764	0.000
		QD3	0.422	0.000			KB4	0.801	0.000

2. 独立样本 T 检验

选择心理学 27% 的标准进行项目的高低分组，运用 SPSS 19 进行独立样本 T 检验（检验结果见表 3－12），检验结果显示 Sig.（2 tails）均为 0，说明题项的区分度较好。

表 3-12　预测试问卷测量题项的独立样本 T 检验（置信区间 95%）

变量	维度	编号	T	Sig.(2 tails)	变量	维度	编号	T	Sig.(2 tails)
B2C互动	便捷性	GY1	19.871	0.000	感知价值	实用价值	SY1	11.934	0.000
		GY2	20.365	0.000			SY2	12.339	0.000
		GY3	21.242	0.000			SY3	12.584	0.000
		GY4	14.118	0.000			SY4	12.929	0.000
	信息共享	GO1	13.925	0.000		享乐价值	XL1	14.922	0.000
		GO2	15.274	0.000			XL2	14.090	0.000
		GO3	14.664	0.000			XL3	14.090	0.000
		GO4	13.467	0.000			XL4	14.156	0.000
	响应性	XY1	12.336	0.000	实体店形象		ST1	19.871	0.000
		XY2	12.220	0.000			ST2	20.365	0.000
		XY3	12.683	0.000			ST3	21.243	0.000
		XY4	12.539	0.000			ST4	14.118	0.000
	可浸入性	TY1	9.963	0.000	网络信任		XR1	11.165	0.000
		TY2	14.922	0.000			XR2	13.925	0.000
		TY3	14.090	0.000			XR3	19.871	0.000
		TY4	12.880	0.000			XR4	20.681	0.000
		TY5	13.173	0.000	网络口碑		KB1	15.274	0.000
渠道转换行为		QD1	12.170	0.000			KB2	14.664	0.000
		QD2	13.903	0.000			KB3	13.476	0.000
		QD3	3.883	0.000			KB4	17.055	0.000

3. 探索性因子分析

为探明变量之间是否存在交叉，本书对整体模型进行探索性因子分析（Explore Factor Analyis，EFA）。

使用 Bartlett 球体检验和 KMO 检验判断测量题项的相关性与偏相关性（张文彤，2004；周飞，2012），Bartlett 球体检验结果为 0.000，KMO 检验结果为 0.874，两项结果表明该问卷测量题项适合做因子分析。

采用主成分分析法进行因子分析，并使用最大方差法进行因子旋转。采用赵卓嘉（2009）、刘枭（2011）提出的标准进行筛选。筛选标准如下：第一，删除自成一格因子的单一题项；第二，删除因子荷载小于 0.45 的题项；第三，删除同时在两个或者两个以上因子的荷载大于 0.5 的题项。

（1）B2C 互动。

本书中，B2C 互动的测量主要参考了 Parasuraman（2005）、杨毅（2007）等的操作方法，共包含便捷性、信息共享、响应性和趣味性四个维度，共 17 个测量题项。该 17 个题项的主成分分析结果显示，其 KMO 检验结果为 0.901，Barlett 球体检验结果为 0.000，证明适合进行因子分析。经过最大方差法旋转因子后，共提取四个因子，解释累计方差达到 79.752%。各测量题项在各个因子的负载值如表 3－13 所示。

表 3－13　B2C 互动测量题项的因子荷载

变量＼维度	编号		操作性问项（概要）	感知易用性	感知有用性	响应性	体验性
B2C 互动	便捷性	GY1	很容易就能熟练使用	0.770			
		GY2	获取信息容易	0.780			
		GY3	操作系统更新快	0.794			
		GY4	使用时无时空限制	0.549			
	信息共享	GO1	获取足够的购物参考信息		0.832		
		GO2	提高了信息搜索效率		0.826		
		GO3	搜索痕迹有据可查		0.748		
		GO4	“佐证”丰富		0.876		
	响应性	XY1	能够及时回答			0.869	
		XY2	“回答”与我的问题密切相关			0.897	
		XY3	“客服”乐于与我沟通、交流			0.845	
		XY4	该渠道的接入方式便捷、快速			0.835	
	可浸入性	TY1	操作舒适				0.576
		TY2	视觉冲击				0.781
		TY3	听觉冲击				0.792
		TY4	娱乐功能				0.774
		TY5	适合“我”的主题活动				0.712

（2）感知价值。

感知价值的测量主要参考了 Sweeny & Souter（2001）、王永贵（2005）、贾薇（2010）等的操作方法，共包含实用价值、享乐价值两个维度，共八个测量题项。该八个题项的主成分分析结果显示，其KMO检验结果为0.863，Barlett球体检验结果为0.000，证明适合进行因子分析。经过最大方差法旋转因子后，共提取两个因子，解释累计方差达到83.085%。各测量题项在各个因子的负载值如表3－14所示。

表3－14 感知价值测量题项的因子荷载

<table>
<tr><th>维度
变量</th><th colspan="2">编号</th><th>操作性问项（概要）</th><th>实用价值</th><th>享乐价值</th></tr>
<tr><td rowspan="8">感知价值</td><td rowspan="4">实用价值</td><td>SY1</td><td>购物流程特别适合我</td><td>0.874</td><td></td></tr>
<tr><td>SY2</td><td>服务质量达到了我的标准</td><td>0.929</td><td></td></tr>
<tr><td>SY3</td><td>更便捷地做出决策</td><td>0.935</td><td></td></tr>
<tr><td>SY4</td><td>促进我对零售商的进一步了解</td><td>0.911</td><td></td></tr>
<tr><td rowspan="4">享乐价值</td><td>XL1</td><td>让我有新鲜感</td><td></td><td>0.681</td></tr>
<tr><td>XL2</td><td>让我有成就感</td><td></td><td>0.617</td></tr>
<tr><td>XL3</td><td>带给我愉悦感</td><td></td><td>0.762</td></tr>
<tr><td>XL4</td><td>愿意使用</td><td></td><td>0.733</td></tr>
</table>

（3）渠道转换行为的因子分析。

本书中，渠道转换行为共三个测量题项。该三个题项的主成分分析结果显示，其KMO检验结果为0.743，Barlett球体检验结果为0.000，证明适合进行因子分析。检验结果表明其解释累计方差达到91.939%，如表3－15所示。

表3－15 渠道转换行为测量题项的因子荷载

<table>
<tr><th>变量</th><th>编号</th><th>操作性问项</th><th>荷载</th></tr>
<tr><td rowspan="3">渠道转换行为</td><td>QD1</td><td>已经搜索其他渠道，我愿意在本渠道购买的意愿</td><td>0.967</td></tr>
<tr><td>QD2</td><td>没有搜索其他渠道，本次使用效果好，我愿意在本渠道购买的意愿</td><td>0.974</td></tr>
<tr><td>QD3</td><td>没有搜索其他渠道，本次使用效果不好，我愿意在本渠道购买的意愿</td><td>0.935</td></tr>
</table>

（4）其他变量的因子分析。

本书为实体店形象、网络信任、网络口碑各设置了四个测量题项，该三个变量的主成分分析结果显示其适合做因子分析，如表 3 – 16 所示。

表 3 – 16 实体店形象、网络信任与网络口碑测量题项的因子荷载

变量	KMO	Barlett 球体	解释累计方差（%）	编号	操作性问项（概要）	荷载
实体店形象	0. 801	0. 000	73. 312	ST1	省时省力	0. 851
				ST2	价格一致	0. 896
				ST3	购物愉快	0. 863
				ST4	商品种类一致	0. 813
网络信任	0. 800	0. 000	83. 679	XR1	信息都是真实的	0. 828
				XR2	能够满足需求	0. 874
				XR3	购物有保障	0. 824
				XR4	权益不受侵害	0. 815
网络口碑	0. 746	0. 000	73. 600	KB1	未关注信息	0. 795
				KB2	观点不同	0. 848
				KB3	改变看法	0. 900
				KB4	真正帮助	0. 884

本章小结

本章主要介绍了理论框架与研究设计的过程、方法，完成了各个变量的操作性问项的组织。本章通过预调研结果的分析、整理，对问卷量表进行了项目分析与探索性因子分析。并通过预调研结果，提出最终的正式调研方案。

第四章 数据分析与假设检验

Comte（1988）指出，客观事实与抽象理论之间具有相互的双向依赖联系。通过科学的测量与表达，实证研究的对象是可以量化的，并通过量化的研究观察、解释与预测各个变量之间的内在因果关系。《组织与管理研究中的实证方法》一书中显示，现代管理学研究多从实验、案例或者问卷调研等实证研究中获取数据资料，并在数理分析的基础上得出研究的结论①。实证研究（Empirical Research）来源于经验哲学（Francis Bacon）和自然科学研究（Isaac Newton & Galileo Galilei）。实证研究秉承"客观存在"的世界观，强调知识必须建立在观察和实践经验之上。实证研究的对象是客观存在的，是置身于研究者之外的独立的客观存在实体。实证研究通过科学归纳总结出大量事实现状中的具有普遍性的规律或者结论，并使用逻辑演绎方法推导出具有类似性的结论，之后再将这些结论放至现实中加以检验，且要求这一结论在相同条件下具有可证实性。

第一节 样本概况与分析

正式问卷包括三部分。第一部分为消费者购买心理与购买行为调查。第二部分为变量测量，包括对 B2C 互动、感知价值、渠道转换行为、网络信任、网络

① 陈晓萍，徐淑英，樊景立．组织与管理研究的实证方法［M］．北京：北京大学出版社，2008.

口碑、实体店形象[①]等变量的操作性问项测量。第三部分为受访者特征分析，包括对性别、年龄、所在地、学位、职业、工作年限和收入的测量。

一、描述性统计分析

（一）调研对象

随着消费者受教育水平的提高以及智能移动设备更新换代速度的加快，消费者接受新事物、使用新技术的能力不断加强。同时，推陈出新的电子信息技术也为零售商设计和实施依托网络或者智能移动设备实现的销售渠道提供了技术上的可能。本书选择在使用线上零售渠道过程中实施过渠道转换行为的消费者以及从线下零售扩展到线上零售的多渠道零售商作为研究对象的代表。

多渠道零售环境下，线上零售渠道的便捷性与易参与性最大限度地满足了消费者的偏好，但是物流风险、资金风险与隐私风险让部分消费者难以抉择，主动放弃线上零售渠道的使用。本书选择在线上零售渠道购物过程中转换过信息搜索与购买交易渠道的消费者作为研究代表，是因为这类消费群体与其他类型的消费者相比，其特殊性在于这部分小众群体的“渠道转换行为”特征代表了大多数消费者的潜在期望，期望通过依靠自身能力与特征、方案操作难易等因素调节信息搜索与购买决策过程，从而获得购买渠道满意解。

实践证明，多渠道零售可以为企业获取更多的利润。但是，多渠道零售难免因几种渠道争夺同一客户群而产生利益冲突，较为具有代表性的即为线上零售渠道对传统的实体店的冲击。消费者在使用线上零售渠道的过程中，对渠道价值的感知与信任除了受到即时互动效果或者使用感受的影响外，还要受到提供这一渠道的零售商既往行为的影响。而这种对零售商既往形象的认知，多数来源于线下实体店，例如，零售商能否提供完善的售前、售中与售后服务，零售商信誉，等等。因此，本书选择屈臣氏、银泰、苏宁、国美、大润发等具有线上与线下零售渠道的多渠道零售商作为零售商的研究代表。

---

① 消费者出于“货比三家”、“优中选优”的心理，通常选择与自身消费习惯匹配度最高的实体店，而不是哪一个特定零售商特定形式的实体店。所以，本书在设计实体店形象时，并未将实体店形象限制于某一特定对象，而是对不同零售商的便利店、超市、百货、大型购物中心等实体店的综合形象认知。

（二）样本概况分析

本次研究通过现场回收、电子邮件与网络问卷的方式收集数据。现场调查通过北京市金融街的流动人群随机产生样本对象，网络问卷由“问卷星”上海循环信息科技有限公司（总部）委托完成，样本对象随机产生。电子邮件通过 QQ 群传递，样本对象随机产生。问卷调查中以实现过转换信息搜索与购买交易渠道的消费者为研究对象（消费行为特征辨识中第三问项选择“是”的消费者）。

经过统计，本次调研共发放问卷 300 份，回收问卷 262 份，有效问卷 217 份，有效率为 82.824%。调研对象基本特征如表 4－1 所示。

表 4－1 调研受访者特征统计

特征	分类	样本数量	百分比（%）	特征	来源省份	样本数量	百分比（%）
性别	男	98	45.16	地区	江苏	17	7.83
	女	119	54.84		浙江	14	6.45
年龄（岁）	15～20	5	2.3		河北	13	5.99
	21～25	26	11.98		福建	11	5.07
	26～30	100	46.08		天津	7	3.23
	31～40	76	35.02		河南	6	2.76
	41～50	10	4.61		四川	6	2.76
月均收入（元/月）	2000 以下	11	5.07		广西	5	2.30
	2000～3000	11	5.07		云南	4	1.84
	3001～5000	63	29.03		黑龙江	4	1.84
	5001～8000	67	30.88		辽宁	4	1.84
	8001～15000	47	21.66		湖北	4	1.84
	15001 以上	18	8.29		湖南	3	1.38
学位	本科以下	26	11.98		山西	3	1.38
	本科	164	75.58		陕西	3	1.38
	硕士	22	10.14		安徽	3	1.38
	博士及博士以上	5	2.3		江西	2	0.92
地区	上海	37	17.05		吉林	2	0.92
	广东	27	12.44		内蒙古	1	0.46
	北京	20	9.22		甘肃	1	0.46
	山东	19	8.76		西藏	1	0.46

通常情况下，测量数据服从正态分布的条件是偏度绝对值小于 3，峰度绝对值小于 10（黄芳铭，2005）。本书量表数据的偏度绝对值均小于 3，峰度绝对值均小于 10，满足进行后续处理的基本要求，如表 4 - 2 所示。

表 4 - 2　样本数据的描述性统计分析

变量	维度	编号	均值		标准差	偏度		峰度	
			统计值	标准误		统计值	标准误	统计值	标准误
B2C 互动	便捷性	GY1	3.09	0.100	1.478	-0.351	0.165	-1.357	0.329
		GY2	3.37	0.107	1.576	-0.505	0.165	-1.338	0.329
		GY3	3.16	0.101	1.493	-0.414	0.165	-1.338	0.329
		GY4	3.29	0.104	1.526	-0.492	0.165	-1.299	0.329
	信息共享	GO1	3.25	0.103	1.523	-0.531	0.165	-1.273	0.329
		GO2	3.53	0.105	1.540	-0.752	0.165	-1.007	0.329
		GO3	3.31	0.102	1.507	-0.611	0.165	-1.179	0.329
		GO4	3.39	0.105	1.545	-0.653	0.165	-1.165	0.329
	响应性	XY1	3.20	0.091	1.335	-0.624	0.165	-0.897	0.329
		XY2	3.25	0.094	1.382	-0.625	0.165	-0.976	0.329
		XY3	3.18	0.089	1.310	-0.533	0.165	-0.832	0.329
		XY4	3.94	0.060	0.879	-1.498	0.165	3.321	0.329
	可浸入性	TY1	3.56	0.086	1.272	-1.149	0.165	0.115	0.329
		TY2	3.56	0.089	1.304	-0.992	0.165	-0.182	0.329
		TY3	3.25	0.085	1.256	-0.594	0.165	-0.658	0.329
		TY4	3.35	0.086	1.264	-0.703	0.165	-0.512	0.329
		TY5	4.04	0.061	0.894	-1.455	0.165	3.070	0.329
感知价值	实用价值	SY1	3.30	0.090	1.333	-0.694	0.165	-0.862	0.329
		SY2	3.19	0.088	1.298	-0.532	0.165	-0.965	0.329
		SY3	3.41	0.094	1.382	-0.695	0.165	-0.817	0.329
		SY4	3.92	0.063	0.934	-1.175	0.165	1.796	0.329
	享乐价值	XL1	2.89	0.102	1.507	-0.031	0.165	-1.541	0.329
		XL2	2.74	0.097	1.433	0.138	0.165	-1.406	0.329
		XL3	2.96	0.102	1.507	-0.109	0.165	-1.521	0.329
		XL4	4.04	0.059	0.873	-1.092	0.165	1.851	0.329

续表

变量	维度	编号	均值		标准差	偏度		峰度	
			统计值	标准误		统计值	标准误	统计值	标准误
渠道转换行为		QD1	2.81	0.101	1.484	0.286	0.165	-1.297	0.329
		QD2	2.98	0.092	1.349	0.191	0.165	-1.101	0.329
		QD3	2.68	0.107	1.574	0.300	0.165	-1.416	0.329
实体店形象		ST1	2.40	0.078	1.143	0.857	0.165	-0.005	0.329
		ST2	2.51	0.084	1.233	0.684	0.165	-0.540	0.329
		ST3	2.46	0.086	1.273	0.765	0.165	-0.486	0.329
		ST4	2.47	0.080	1.175	0.758	0.165	-0.257	0.329
网络口碑		KB1	3.55	0.108	1.595	-0.648	0.165	-1.182	0.329
		KB2	3.51	0.103	1.513	-0.743	0.165	-0.981	0.329
		KB3	3.59	0.109	1.611	-0.698	0.165	-1.154	0.329
		KB4	3.58	0.105	1.550	-0.743	0.165	-1.018	0.329
网络信任		XR1	2.24	0.078	1.154	0.762	0.165	-0.248	0.329
		XR2	2.18	0.077	1.128	0.824	0.165	-0.135	0.329
		XR3	2.23	0.091	1.341	0.594	0.165	-1.216	0.329
		XR4	2.38	0.105	1.550	1.330	0.165	4.990	0.329

二、共同方法偏差检验

周浩、龙立荣（2004），Spector（2006）认为同种特质的数据来源或者相似的测评环境、类似的测评人可能导致共同方法偏差（Common Method Biases）出现。这种共同方法偏差可能会对研究成果产生混淆或者误导。

使用 Amos20.0 和 SPSS19.0 进行共同方法偏差检验。第一，首先采用"Harman 单因素检验"方法校验共同方法偏差。结果显示，共有 9 个因子特征根大于 1，此 9 个因子对变量的解释程度达到 81.772%，其中第一个因子的解释力度仅有 36.517%，故做出基本不存在共同方法偏差的初步判断。

第二，采用加入控制可测单一方法潜因子的方法继续测量本量表的共同方法偏差问题①。首先构建无方法潜因子的模型 Model A，其次构建有方法潜因子的对比模型 Model B，最后比较 Model A 和 Model B 的拟合指标差异。比较结果如表 4－3 所示。

表 4－3　共同方法偏差的检验（N＝217）

模型	χ^2	df	χ^2/df	RMR	RMSEA	NFI	IFI	CFI
Model A	1072. 342	558	1. 922	0. 079	0. 065	0. 877	0. 937	0. 936
Model B	952. 611	557	1. 710	0. 062	0. 057	0. 892	0. 938	0. 951
变化幅度				0. 017	0. 008	0. 015	0. 001	0. 015

Model A 和 Model B 的各项拟合指标差异保持在 0. 001～0. 017，变化幅度不大，Model A 和 Model B 的比较结果说明量表数据的共同方法偏差问题可以接受。

三、相关分析与共线性检验

数理统计中常使用相关分析研究社会经济现象的数量依存联系。相关分析结果显示数据之间变化的联系程度以及联系方向的抽象数值。

（一）相关分析

本书采用 Pearson 方法进行量表题项的相关分析，结果如表 4－4 所示。该分析结果证明，具有假设相关性的各个变量之间的相关性较好，既不太强也不太弱，适合进行深入分析。

（二）共线性分析

上文的相关性分析初步说明本书量表的题项之间共线性不强，为进一步检验量表的共线性，采用方差膨大因子（VIF）继续检验量表。共线性统计量结果显示量表各个路径之间的测量题项容差均大于 0. 1，VIF 均小于 10，参照 Neter 等（1985）提出的检验标准，量表的共线性较弱。

① 熊红星，张璟，叶宝娟，郑雪，孙配贞．共同方法变异的影响及其统计控制途径的模型分析[J]．心理科学进展，2012（20）．

表 4-4 量表的相关性检验（N=217）

	均值	标准差	便捷性	信息共享	响应性	可浸入性	实用价值	享乐价值	渠道转换行为	实体店形象	网络口碑	信任
便捷性	3.229	1.459	1									
信息共享	3.370	1.405	0.482**	1								
响应性	3.389	1.013	0.371**	0.407**	1							
可浸入性	3.551	0.995	0.358**	0.203**	0.529**	1						
实用价值	3.454	1.012	0.427**	0.331**	0.485**	0.490**	1					
享乐价值	3.159	1.091	0.244**	0.243**	0.357**	0.354**	0.441**	1				
渠道转换行为	2.822	1.427	-0.570**	-0.456**	-0.582**	-0.565**	-0.560**	-0.454**	1			
实体店形象	2.456	1.098	-0.387**	-0.250**	-0.491**	-0.622**	-0.519**	-0.407**	0.682**	1		
网络口碑	3.557	1.499	0.794**	0.504**	0.402**	0.345**	0.471**	0.334**	-0.546**	-0.304**	1	
网络信任	2.258	1.111	0.291**	0.138*	0.338**	0.328**	0.352**	0.218**	-0.464**	-0.373**	0.238**	1

注：* 在置信区间（双侧）为 0.05 时显著；** 在置信区间（双侧）为 0.01 时显著。

四、信度与效度分析

（一）信度分析

通过各个变量的 Cronbach's α 分析和组合信度（CR）分析进行量表的内部一致性检验。

Churchill（1979）指出，使用总相关系数评估（Corrected Item Total Correlation，CITC）能够减少测量项目的多因子负荷，通过删除表述不明确项目的方式提高内部一致性程度。为确保各个测量项目在所归属因子上的一致性，使用 CITC 和内部一致性信度检验方法，并采用惯常的删除 CITC≤0.5 和 Cronbach's α 系数 <0.7 的选项作为评价标准（Cronbach，1985；杨志荣，2005），对各个变量进行深度筛选和修正。

量表的 Cronbach's α 系数检验结果除个别题项外，题项的 CITC 值均大于 0.5，Cronbach's α 均大于 0.7，表明量表的信度良好。根据上文提出的删选标准，对量表的个别题项——XY4、SY4、XL4、TY5 进行修正。XY4、SY4、XL4、TY5 的 CITC 值≤0.5，故删除题项，删除后响应性、可浸入性、感知实用价值、感知享乐价值 Cronbach's α 分别由 0.828 上升为 0.925，0.882 上升为 0.957，0.825 上升为 0.945，0.818 上升为 0.959。本次检验中，虽然 XR4 的 CITC 值（0.618）均大于 0.5，且网络信任的 Cronbach's α 为 0.874，但是，删除 XR4 后，网络信任的 Cronbach's α 值上升为 0.900，故删除 XR4，如表 4－5 所示。

（二）效度分析

效度检验包括对内容效度、收敛效度和区分效度的检验。

本书的各个题项采取中英双向互译的方式，确定初级表述后请从业人员与专业教授试用填写，根据填写结果完成中级校对，最后请业内专家根据研究情景对中级量表表述进行推敲，并确定量表的终极形式。据此，保证量表的内容效度。

使用平均变异萃取量（AVE）、组合信度（CR）和标准化因子荷载结果检测量表的收敛效度。检验结果如表 4－6 所示。

测量结果显示，各个题项的 CR 值均大于 0.7，AVE 值均大于 0.6、因子荷载均大于 0.5（吴明隆，2001），说明量表的题项会落在同一个因子，且测量题项之间高度相关，量表具有良好的收敛效度。

表 4-5 量表的 Cronbach's α 系数

变量	维度	编号	校正的项总计相关性	项已删除的 Cronbach's α 值	Cronbach's α 值
B2C 互动	便捷性	GY1	0.937	0.961	0.972
		GY2	0.928	0.964	
		GY3	0.924	0.964	
		GY4	0.930	0.963	
	信息共享	GO1	0.856	0.919	0.939
		GO2	0.883	0.910	
		GO3	0.822	0.930	
		GO4	0.855	0.919	
	响应性	XY1	0.833	0.693	0.828 删除后为 0.925
		XY2	0.796	0.712	
		XY3	0.817	0.702	
		XY4	0.217	0.925	
	可浸入性	TY1	0.878	0.815	0.882 删除后为 0.957
		TY2	0.875	0.815	
		TY3	0.877	0.816	
		TY4	0.859	0.820	
		TY5	0.107	0.957	
渠道转换行为		QD1	0.942	0.945	0.968
		QD2	0.910	0.972	
		QD3	0.954	0.938	

变量	维度	编号	校正的项总计相关性	项已删除的 Cronbach's α 值	Cronbach's α 值
感知价值	实用价值	SY1	0.836	0.684	0.825 删除后为 0.945
		SY2	0.864	0.671	
		SY3	0.823	0.690	
		SY4	0.139	0.945	
	享乐价值	XL1	0.873	0.644	0.818 删除后为 0.959
		XL2	0.872	0.649	
		XL3	0.877	0.641	
		XL4	-0.002	0.959	
网络信任		XR1	0.824	0.808	0.874 删除后为 0.900
		XR2	0.773	0.828	
		XR3	0.768	0.768	
		XR4	0.618	0.900	
网络口碑		KB1	0.927	0.957	0.969
		KB2	0.924	0.958	
		KB3	0.925	0.958	
		KB4	0.912	0.961	
实体店形象		ST1	0.793	0.924	0.931
		ST2	0.847	0.907	
		ST3	0.878	0.896	
		ST4	0.837	0.910	

表 4-6　量表的收敛效度分析

变量	维度	编号	因子荷载	AVE	CR
B2C 互动	便捷性	GY1	0.965	0.923	0.980
		GY2	0.960		
		GY3	0.958		
		GY4	0.961		
	信息共享	GO1	0.920	0.843	0.956
		GO2	0.936		
		GO3	0.899		
		GO4	0.920		
	响应性	XY1	0.944	0.869	0.952
		XY2	0.923		
		XY3	0.930		
	可浸入性	TY1	0.948	0.887	0.969
		TY2	0.947		
		TY3	0.938		
		TY4	0.933		
感知价值	实用价值	SY1	0.950	0.901	0.965
		SY2	0.956		
		SY3	0.942		
	享乐价值	XL1	0.962	0.925	0.974
		XL2	0.960		
		XL3	0.963		
网络信任		XR1	0.930	0.839	0.940
		XR2	0.922		
		XR3	0.897		
网络口碑		KB1	0.959	0.915	0.977
		KB2	0.958		
		KB3	0.958		
		KB4	0.951		
渠道转换行为		QD1	0.974	0.943	0.980
		QD2	0.959		
		QD3	0.980		

续表

变量	维度	编号	因子荷载	AVE	CR
实体店形象		ST1	0.881	0.829	0.951
		ST2	0.915		
		ST3	0.934		
		ST4	0.910		

Fornell & Larcker（1981）认为题项的平均变异萃取量（AVE）均方根大于题项之间的相关系数平方值时，量表具有良好的区分效度。本书沿用这一标准，使用 AVE 的均方根与相关系数平方值测量量表主变量的区分效度，测量结果如表4－7所示。

表4－7 量表的区分效度分析

	便捷性	信息共享	响应性	可浸入性	实用价值	享乐价值	渠道转换行为	实体店形象	网络口碑	网络信任
便捷性	0.960									
信息共享	0.232	0.918								
响应性	0.138	0.166	0.932							
可浸入性	0.128	0.041	0.280	0.941						
实用价值	0.182	0.110	0.235	0.240	0.949					
享乐价值	0.060	0.059	0.127	0.125	0.194	0.961				
渠道转换行为	0.325	0.208	0.339	0.319	0.314	0.206	0.971			
实体店形象	0.150	0.063	0.241	0.386	0.269	0.166	0.465	0.910		
网络口碑	0.630	0.254	0.162	0.119	0.222	0.112	0.298	0.092	0.956	
网络信任	0.085	0.019	0.114	0.108	0.124	0.048	0.215	0.139	0.057	0.915

注：对角线数值为题项的平均变异萃取量（AVE）均方根，其余数值为题项之间相关系数的平方值。

区分效度分析结果显示，题项的平均变异萃取量（AVE）均方根均大于题项之间相关系数的平方值，证明本书量表的区分效度良好。

为了进一步证明本书量表具有良好的信度与效度，将对其进行进一步的验证性因子分析（Confirmatory Factor Analysis，CFA）。根据 Anderson 和 Gerbing（1988）提出的验证 SEM 两步法继续检验本书量表，第一，通过检验测量模型，考察量表的信度与效度。第二，验证模型的结构，检验模型的假设。检验结果显示，χ^2/df = 1.745、RMR = 0.059、RMSEA = 0.054、NFI = 0.921、RFI = 0.908、IFI = 0.968、TLI = 0.962、CFI = 0.968。总体来讲，欲测量模型具有良好的收敛效度。

第二节　模型拟合与检验

一、模型拟合

经过 Amos20.0 与 SPSS19.0 的运算，本书模型拟合数据如图 4－1、表 4－8、表 4－9 所示。

表 4－8　模型拟合指标结果

<table>
<tr><th colspan="3">指数名称</th><th>拟合结果</th><th>评价标准</th><th>文献来源</th></tr>
<tr><td rowspan="8">模型 a</td><td rowspan="3">绝对拟合指数</td><td>χ^2/df</td><td>2.130</td><td>1～3</td><td rowspan="16">吴明隆（2009）；Bagozzi & Yi（1988）；Browne & Cudeck（1993）；Hu & Bentler（1999）；McDonald & Ho（2002）</td></tr>
<tr><td>GFI</td><td>0.928</td><td>>0.8</td></tr>
<tr><td>RMSEA</td><td>0.072</td><td>0.05～0.08</td></tr>
<tr><td rowspan="5">相对拟合指数</td><td>NFI</td><td>0.948</td><td>>0.8</td></tr>
<tr><td>RFI</td><td>0.930</td><td>>0.9</td></tr>
<tr><td>IFI</td><td>0.972</td><td>>0.9</td></tr>
<tr><td>TLI</td><td>0.961</td><td>>0.9</td></tr>
<tr><td>CFI</td><td>0.971</td><td>>0.9</td></tr>
<tr><td rowspan="8">模型 b</td><td rowspan="3">绝对拟合指数</td><td>χ^2/df</td><td>1.755</td><td>1～3</td></tr>
<tr><td>GFI</td><td>0.855</td><td>>0.8</td></tr>
<tr><td>RMSEA</td><td>0.059</td><td>0.05～0.08</td></tr>
<tr><td rowspan="5">相对拟合指数</td><td>NFI</td><td>0.927</td><td>>0.8</td></tr>
<tr><td>RFI</td><td>0.914</td><td>>0.9</td></tr>
<tr><td>IFI</td><td>0.967</td><td>>0.9</td></tr>
<tr><td>TLI</td><td>0.961</td><td>>0.9</td></tr>
<tr><td>CFI</td><td>0.967</td><td>>0.9</td></tr>
</table>

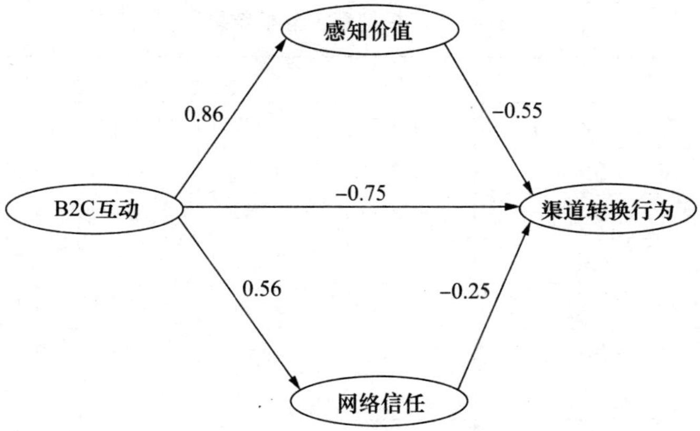

图 4-1a　模型拟合结果（一）

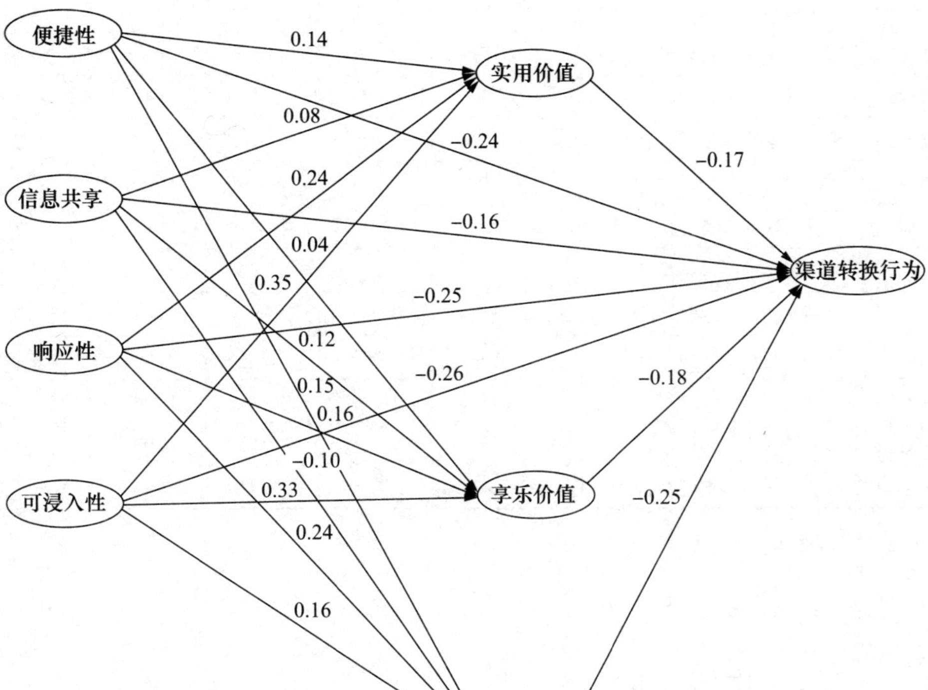

图 4-1b　模型拟合结果（二）

表 4-9 模型路径分析结果

假设	路径	Estimate	S. E.	C. R.	P 值	结论
H1:	B2C 互动→感知价值	0.860	0.117	7.323	***	支持
H1a:	便捷性→实用价值	0.141	0.061	2.317	0.021	支持
H1b:	便捷性→享乐价值	0.041	0.079	0.515	0.607	不支持
H1c:	信息共享→实用价值	0.079	0.065	1.221	0.222	不支持
H1d:	信息共享→享乐价值	0.124	0.084	1.475	0.140	不支持
H1e:	响应性→实用价值	0.238	0.081	2.929	0.013	支持
H1f:	响应性→享乐价值	0.157	0.105	1.497	0.134	不支持
H1g:	可浸入性→实用价值	0.353	0.080	4.438	***	支持
H1h:	可浸入性→享乐价值	0.326	0.102	3.181	0.001	支持
H2:	感知价值→渠道转换行为	-0.549	0.189	-2.912	0.004	支持
H2a:	实用价值→渠道转换行为	-0.172	0.068	-2.527	0.012	支持
H2b:	享乐价值→渠道转换行为	-0.181	0.050	-3.600	***	支持
H3:	B2C 互动→渠道转换行为	-0.751	0.211	-3.551	***	支持
H3a:	便捷性→渠道转换行为	-0.239	0.057	-4.188	***	支持
H3b:	信息共享→渠道转换行为	-0.157	0.060	-2.632	0.008	支持
H3c:	响应性→渠道转换行为	-0.250	0.078	-3.195	0.001	支持
H3d:	可浸入性→渠道转换行为	-0.260	0.078	-3.329	***	支持
H4:	B2C 互动→网络信任	0.564	0.101	5.596	***	支持
H4a:	便捷性→网络信任	0.147	0.059	2.491	0.013	支持
H4b:	信息共享→网络信任	-0.104	0.063	-1.655	0.098	不支持
H4c:	响应性→网络信任	0.245	0.079	3.069	0.002	支持
H4d:	可浸入性→网络信任	0.165	0.076	2.155	0.031	支持
H5:	网络信任→渠道转换行为	-0.247	0.072	-3.410	***	支持

注：*** 为在 0.001 上显著。

二、中介作用检验

为方便计算，将研究变量表达字母化。按照温忠麟中介检验程序进行中介效用分析。

QD = 渠道转换行为，HD = B2C 互动，GM = 感知价值，XR = 网络信任。

（一）感知价值的中介作用检验

将相关数据标准化，检验渠道转换行为与B2C互动的回归关系。结果方程如下：

QD = -0.726HD（t=15.476，P在0.001上显著）　　（4-1）

检验感知价值与B2C互动的回归关系。结果方程如下：

GM=0.517HD（t=8.868，P在0.001上显著）　　（4-2）

检验渠道转换行为与B2C互动、感知价值的回归关系。结果方程如下：

QD = -0.561HD-0.319GM　　（4-3）

（t=11.119，P=0.000）（t=6.336，P在0.001上显著）

B2C互动与感知价值的系数同时显著，说明感知价值在渠道转换行为与B2C互动的关系中发挥不完全中介效用。感知价值中介效用占总效用比值为0.227，中介效用解释了因变量方差变异的27.019%。

（二）网络信任的中介作用检验

沿用式（4-1）说明渠道转换行为与B2C互动的回归关系。

检验网络信任与B2C互动的回归关系。结果方程如下：

XR=0.378HD（t=5.988，P在0.001上显著）　　（4-4）

检验渠道转换行为与B2C互动、网络信任的回归关系。结果方程如下：

QD = -0.642HD-0.222XR　　（4-5）

（t=13.247，P在0.001上显著）（t=4.578，P在0.001上显著）

B2C互动与网络信任的系数同时显著，说明网络信任在渠道转换行为与B2C互动的关系中发挥不完全中介效用。网络信任中介效用占总效用的比值为0.116，中介效用解释了因变量方差变异的20%。

三、实体店形象调节作用检验

将B2C互动、感知价值与实体店形象相关数据标准化。使用SPSS19.0进行多元回归分析实体店形象的调节作用（Baron & Kenny，1986）。采用调节效应图观察自变量对因变量影响的斜率变化。实体店形象的高低分组采用均值加减标准差进行。高实体店形象分组为均值加一个标准差，低实体店形象分组为均值减一个标准差。

（一）实体店形象对 B2C 互动与感知价值关系的调节作用

B2C 互动、实体店形象与渠道转换行为的回归关系结果如表 4－10 所示。

表 4－10　B2C 互动、实体店形象与渠道转换行为的回归分析

	模型				非标准化系数		标准系数	T 值	Sig.
	R^2	调整 R^2	标准误		B	标准误			
1.1	0.268	0.264	0.858	常量	0.000	0.058		0.000	1.000
				B2C 互动	0.517	0.058	0.517	8.868	0.000
1.2	0.357	0.350	0.810	常量	0.000	0.055		0.000	1.000
				B2C 互动	0.313	0.067	0.313	4.699	0.000
				实体店形象	－0.361	0.067	－0.361	－5.432	0.000
1.3	0.388	0.380	0.788	常量	0.095	0.061		1.570	0.118
				B2C 互动	0.268	0.066	0.268	4.029	0.000
				实体店形象	－0.298	0.068	－0.298	－4.405	0.000
				HD×ST	0.202	0.051	0.202	3.326	0.001

注：置信区间为 95%。

检验证明显示，模型 1.1、模型 1.2、模型 1.3 的调整 R^2 发生变化，交互项 B2C 互动×实体店形象的显著性强（t＝3.326，P＝0.001），说明实体店形象调节 B2C 互动对感知价值的正向影响。实体店形象对 B2C 互动与感知价值的关系调节作用如图 4－2 所示。

图 4－2 显示，无论是实体店形象高分组还是实体店形象低分组，随着 B2C 互动效果的增加，感知价值都呈下降的趋势，说明实体店形象在 B2C 互动与感知价值之间存在负向调节作用，即消费者对实体店形象的评价越好，实体店形象弱化 B2C 互动对感知价值正向影响的能力越强。

（二）实体店形象对便捷性与实用价值关系的调节作用

实体店形象、便捷性与实用价值的多元回归检验结果如表 4－11 所示。

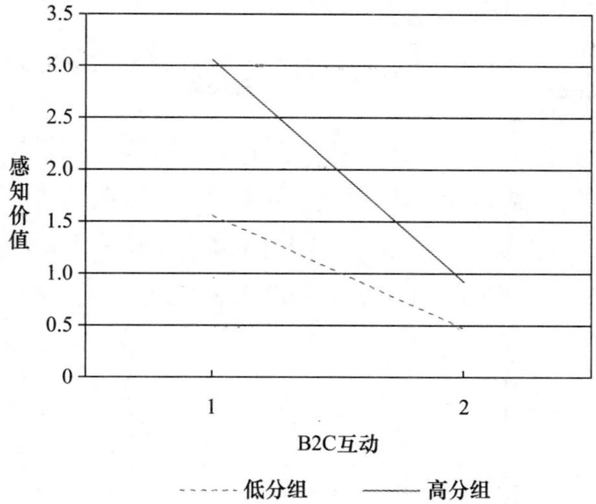

图 4－2　实体店形象对 B2C 互动与实用价值关系的调节作用

表 4－11　实体店形象、便捷性与实用价值的回归分析

	模型				非标准化系数		标准系数	T 值	Sig.
	R^2	调整 R^2	标准误		B	标准误			
1.4	0.199	0.195	0.897	常量	0.000	0.061		0.000	1.000
				便捷性	0.446	0.061	0.446	7.306	0.000
1.5	0.326	0.320	0.825	常量	0.000	0.051		0.000	1.000
				便捷性	0.261	0.063	0.261	4.129	0.000
				实体店形象	－0.402	0.063	－0.402	－6.358	0.000
1.6	0.343	0.334	0.816	常量	0.059	0.061		0.967	0.335
				便捷性	0.235	0.064	0.235	3.694	0.000
				实体店形象	－0.360	0.065	－0.360	－5.526	0.000
				GY × ST	0.129	0.055	0.142	2.330	0.021

注：置信区间为 95%。

检验证明显示，模型 1.4、模型 1.5、模型 1.6 的调整 R^2 发生变化，交互项

便捷性×实体店形象的显著性强（t＝2.330，P＝0.021），说明实体店形象调节便捷性对实用价值正向影响。实体店形象对便捷性与实用价值关系的调节作用如图 4－3 所示。

图 4－3 显示，无论是实体店形象高分组还是实体店形象低分组，随着 B2C 互动便捷性的增加，感知实用价值都呈下降的趋势，说明实体店形象在便捷性与感知实用价值之间存在负向调节作用，即消费者对实体店形象的评价越好，实体店形象弱化便捷性对实用价值正向影响的能力越强。

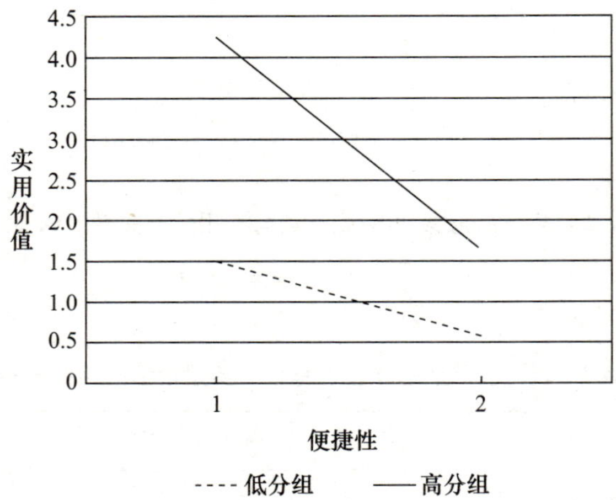

图 4－3　实体店形象对便捷性与实用价值关系的调节作用

（三）实体店形象对信息共享与实用价值关系的调节作用

信息共享与实用价值不存在相关关系，故而不检验实体店形象对信息共享与实用价值关系的调节作用。

（四）实体店形象对响应性与实用价值关系的调节作用

实体店形象、响应性与实用价值的多元回归检验结果如表 4－12 所示。

检验证明显示，模型 1.7、模型 1.8、模型 1.9 的调整 R^2 发生变化，交互项响应性×实体店形象的显著性强（t＝2.259，P＝0.025），说明实体店形象调节响应性对实用价值的正向影响。实体店形象对响应性与实用价值的调节作用如图 4－4 所示。

表 4－12　实体店形象、响应性与实用价值的回归分析

	模型				非标准化系数		标准系数	T 值	Sig.
	R^2	调整 R^2	标准误		B	标准误			
1.7	0.166	0.162	0.915	常量	0.000	0.062		0.000	1.000
				响应性	0.048	0.062	0.408	6.543	0.000
1.8	0.299	0.293	0.841	常量	0.000	0.057		0.000	1.000
				响应性	0.191	0.067	0.191	2.863	0.005
				实体店形象	－0.425	0.067	－0.425	－6.380	0.000
1.9	0.316	0.306	0.833	常量	0.061	0.063		0.968	0.034
				响应性	0.144	0.069	0.144	2.077	0.039
				实体店形象	－0.391	0.068	－0.391	－5.784	0.000
				XY × ST	0.119	0.053	0.146	2.259	0.025

注：置信区间为 95%。

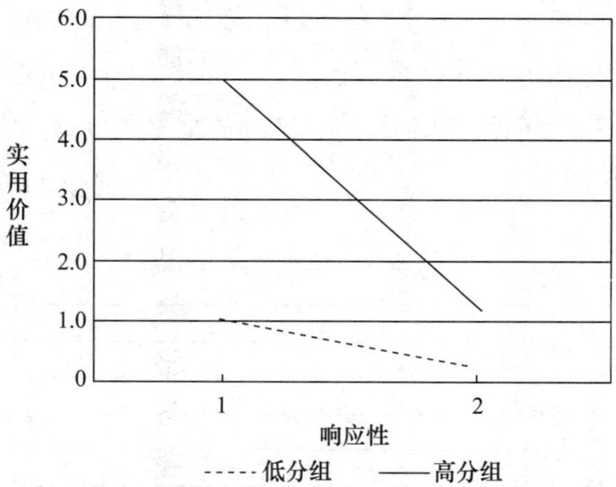

图 4－4　实体店形象对响应性与实用价值关系的调节作用

图 4－4 显示，无论是实体店形象高分组还是实体店形象低分组，随着 B2C 互动响应性的增加，感知实用价值都呈下降的趋势，说明实体店形象在响应性与感知实用价值之间存在负向调节作用，即消费者对实体店形象的评价越好，实体店形象弱化响应性对感知实用价值正向影响的能力越强。

（五）实体店形象对可浸入性与实用价值关系的调节作用

实体店形象、可浸入性与实用价值的多元回归检验结果如表 4－13 所示。

表 4-13　实体店形象、可浸入性与实用价值的回归分析

模型					非标准化系数		标准系数	T 值	Sig.
	R^2	调整 R^2	标准误		B	标准误			
1.10	0.240	0.237	0.874	常量	0.000	0.059		0.000	1.000
				可浸入性	0.490	0.059	0.490	8.243	0.000
1.11	0.315	0.308	0.832	常量	0.000	0.056		0.000	1.000
				可浸入性	0.266	0.073	0.266	3.627	0.000
				实体店形象	-0.353	0.073	-0.353	-4.823	0.000
1.12	0.328	0.318	0.826	常量	0.071	0.066		1.080	0.281
				可浸入性	0.201	0.079	0.201	2.536	0.012
				实体店形象	-0.327	0.074	-0.327	-4.419	0.000
				TY × ST	0.013	0.055	0.142	2.038	0.043

注：置信区间为 95%。

检验证明显示，模型 1.10、模型 1.11、模型 1.12 的调整 R^2 发生变化，交互项可浸入性 × 实体店形象的显著性强（t = 2.038，P = 0.043），说明实体店形象调节可浸入性对实用价值的正向影响。实体店形象对可浸入性与实用价值的调节作用如图 4-5 所示。

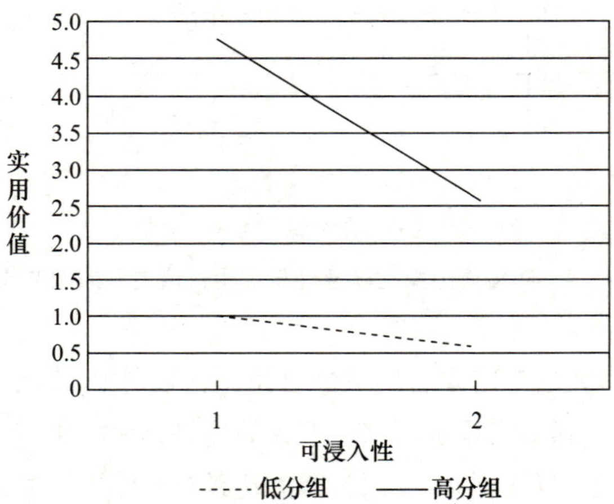

图 4-5　实体店形象对可浸入性与实用价值关系的调节作用

图 4-5 显示，无论是实体店形象高分组还是实体店形象低分组，随着 B2C

互动可浸入性的增加，感知实用价值都呈下降的趋势，说明实体店形象在可浸入性与感知实用价值之间存在负向调节作用，即消费者对实体店形象的评价越好，实体店形象弱化可浸入性对感知实用价值正向影响的能力越强。

（六）实体店形象对便捷性、信息共享、响应性与享乐价值关系的调节作用

便捷性、信息共享、响应性与享乐价值的路径关系不显著，故不检验实体店形象对便捷性、信息共享、响应性与享乐价值的调节作用。

（七）实体店形象对可浸入性与享乐价值关系的调节作用

实体店形象、可浸入性与享乐价值的多元回归检验结果如表4－14所示。

表4－14　实体店形象、可浸入性与享乐价值的回归分析

	模型				非标准化系数		标准系数	T值	Sig.
	R^2	调整 R^2	标准误		B	标准误			
1.13	0.320	0.116	0.840	常量	0.000	0.064		0.000	1.000
				可浸入性	0.346	0.064	0.346	5.416	0.000
1.14	0.381	0.373	0.809	常量	0.000	0.062		0.000	1.000
				可浸入性	0.144	0.080	0.144	2.002	0.043
				实体店形象	−0.318	0.080	−0.318	−3.974	0.000
1.15	0.396	0.385	0.803	常量	0.078	0.072		1.087	0.282
				可浸入性	0.074	0.087	0.074	2.053	0.035
				实体店形象	−0.289	0.081	−0.289	−3.578	0.000
				TY×ST	0.123	0.061	0.155	2.034	0.043

注：置信区间为95%。

检验证明显示，模型1.13、模型1.14、模型1.15的调整 R^2 发生变化，交互项可浸入性×实体店形象的显著性强（$t=2.034$，$P=0.043$），说明实体店形象调节可浸入性对享乐价值的正向影响。实体店形象对可浸入性与享乐价值的调节作用如图4－6所示。

图4－6显示，无论是实体店形象高分组还是实体店形象低分组，随着B2C互动可浸入性的增加，感知享乐价值都呈下降的趋势，说明实体店形象会弱化可

浸入性对感知享乐价值的正向影响，即消费者对实体店形象的评价越好，实体店形象弱化可浸入性对感知享乐价值正向影响的能力越强。

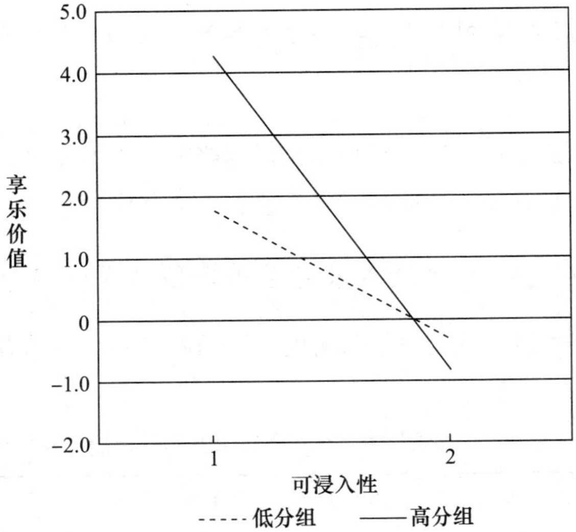

图 4－6　实体店形象对可浸入性与享乐价值关系的调节作用

表 4－15　实体店形象调节作用假设检验结果

	假设	结论
H6	实体店形象调节 B2C 互动对感知价值的正向影响	支持
H6a	实体店形象调节便捷性对实用价值的正向影响	支持
H6b	实体店形象调节信息共享对实用价值的正向影响	不支持
H6c	实体店形象调节响应性对实用价值的正向影响	支持
H6d	实体店形象调节可浸入性对实用价值的正向影响	支持
H6e	实体店形象调节便捷性对享乐价值的正向影响	不支持
H6f	实体店形象调节信息共享对享乐价值的正向影响	不支持
H6g	实体店形象调节响应性对享乐价值的正向影响	不支持
H6h	实体店形象调节可浸入性对享乐价值的正向影响	支持

四、网络口碑调节作用检验

将网络口碑、网络信任、渠道转换行为与感知价值的相关数据标准化。使用SPSS19.0进行多元回归分析网络口碑的调节作用（Baron & Kenny，1986）。采用调节效应图观察自变量对因变量影响的斜率变化。网络口碑高低分组采用均值加减标准差进行。高网络口碑分组为均值加一个标准差，低网络口碑分组为均值减一个标准差。

（一）网络口碑对感知价值与渠道转换行为关系的调节作用

检验证明显示，模型2.1、模型2.2、模型2.3的调整 R^2 没有发生显著变化，交互项感知价值×网络口碑的显著性不强（t = 1.260，P = 0.209），说明网络口碑对感知价值与渠道转换行为的关系不具有调节作用。

表4-16 网络口碑、感知价值与渠道转换行为的回归分析

	模型				非标准化系数		标准系数	T值	Sig.
	R^2	调整 R^2	标准误		B	标准误			
2.1	0.381	0.378	0.787	常量	0.000	0.054		0.000	1.000
				感知价值	-0.617	0.054	-0.617	-11.503	0.000
2.2	0.466	0.461	0.734	常量	0.000	0.050		0.000	1.000
				感知价值	-0.463	0.056	-0.463	-8.201	0.000
				网络口碑	-0.330	0.056	-0.330	-5.846	0.000
2.3	0.470	0.463	0.733	常量	-0.031	0.056		-0.560	0.576
				感知价值	-0.439	0.060	-0.439	-7.368	0.000
				网络口碑	-0.321	0.057	-0.321	-5.645	0.000
				GZ×KB	0.067	0.053	0.067	1.260	0.209

注：置信区间为95%。

（二）网络口碑对实用价值与渠道转换行为关系的调节作用

网络口碑、实用价值与渠道转换行为的多元回归检验结果如表4-17所示。

表 4-17 网络口碑、实用价值与渠道转换行为的回归分析

模型					非标准化系数		标准系数	T 值	Sig.
	R^2	调整 R^2	标准误		B	标准误			
2.4	0.345	0.342	0.812	常量	0.000	0.055		0.000	1.000
				实用价值	-0.587	0.055	-0.587	-10.643	0.000
2.5	0.442	0.437	0.750	常量	0.000	0.051		0.000	1.000
				实用价值	-0.427	0.057	-0.427	-7.432	0.000
				网络口碑	-0.351	0.057	-0.351	-6.111	0.000
2.6	0.449	0.441	0.747	常量	-0.040	0.057		-0.698	0.486
				实用价值	-0.402	0.059	-0.402	-6.760	0.000
				网络口碑	-0.336	0.058	-0.336	-5.788	0.000
				SY×KB	0.087	0.056	0.086	1.547	0.123

注：置信区间为 95%。

检验证明显示，模型 2.4、模型 2.5、模型 2.6 的调整 R^2 没有发生显著变化，交互项实用价值×网络口碑的显著性不强（t=1.547，P=0.123），说明网络口碑对实用价值与渠道转换行为的关系不具有调节作用。

（三）网络口碑对享乐价值与渠道转换行为关系的调节作用

网络口碑、享乐价值与渠道转换行为的多元回归检验结果如表 4-18 所示。

表 4-18 网络口碑、享乐价值与渠道转换行为的回归分析

模型					非标准化系数		标准系数	T 值	Sig.
	R^2	调整 R^2	标准误		B	标准误			
2.7	0.214	0.211	0.888	常量	0.000	0.060		0.000	1.000
				享乐价值	-0.463	0.060	-0.463	-7.661	0.000
2.8	0.306	0.301	0.787	常量	0.633	0.126		5.016	0.000
				网络口碑	-0.440	0.057	-0.440	-7.744	0.000
				享乐价值	-0.221	0.040	-0.315	-5.537	0.000
2.9	0.311	0.303	0.773	常量	0.573	0.125		4.570	0.000
				网络口碑	-0.406	0.057	-0.406	-7.119	0.000
				享乐价值	-0.219	0.039	-0.312	-5.593	0.000
				XL×KB	0.162	0.054	0.161	1.873	0.061

注：置信区间为 95%。

检验证明显示，模型 2.7、模型 2.8、模型 2.9 的调整 R^2 没有发生显著变化，交互项享乐价值×网络口碑的显著性不强（t = 1.873，P = 0.061），说明网络口碑对享乐价值与渠道转换行为的关系不具有调节作用。

（四）网络口碑对网络信任与渠道转换行为的调节作用

网络口碑、网络信任与渠道转换行为的多元回归检验结果如表 4 – 19 所示。

表 4 – 19　网络口碑、网络信任与渠道转换行为的回归分析

	模型				非标准化系数		标准系数	T 值	Sig.
	R^2	调整 R^2	标准误		B	标准误			
2.10	0.029	0.025	0.988	常量	0.000	0.067		0.000	1.000
				网络信任	–0.171	0.067	–0.171	–3.410	0.000
2.11	0.343	0.336	0.815	常量	0.000	0.055		0.000	1.000
				网络信任	–0.210	0.056	–0.210	–3.788	0.000
				网络口碑	–0.561	0.056	–0.561	–10.098	0.000
2.12	0.354	0.345	0.810	常量	–0.009	0.055		–0.169	0.866
				网络信任	–0.184	0.057	–0.184	–3.220	0.001
				网络口碑	–0.555	0.055	–0.555	–10.040	0.000
				KB × XR	–0.133	0.070	–0.133	–1.912	0.057

注：置信区间为 95%。

检验证明显示，模型 2.10、模型 2.11、模型 2.12 的调整 R^2 没有发生显著变化，交互项网络口碑×网络信任的显著性不强（t = –1.912，P = 0.057），说明网络口碑对网络信任与渠道转换行为的关系不具有调节作用。

表 4 – 20　网络口碑调节作用检验结果

	假设	结论
H7	网络口碑调节感知价值对渠道转换行为的负向影响	不支持
H7a	网络口碑调节感知实用价值对渠道转换行为的负向影响	不支持
H7b	网络口碑调节感知享乐价值对渠道转换行为的负向影响	不支持
H8	网络口碑调节网络信任对渠道转换行为的负向影响	不支持

五、实证结果与讨论

综合上述两节分析，本书假设 H1b、H1c、H1d、H1f、H4b、H6b、H6e、H6f、H6g、H7、H7a、H7b、H8 没有得到支持，其余假设均得到了验证。具体结果如表 4-21 所示。

表 4-21　本书假设的验证结果

假设	路径	结论
H1	B2C 互动显著正向影响消费者感知价值	支持
H1a	便捷性显著正向影响消费者感知实用价值	支持
H1b	便捷性显著正向影响消费者感知享乐价值	不支持
H1c	信息共享显著正向影响消费者感知实用价值	不支持
H1d	信息共享显著正向影响消费者感知享乐价值	不支持
H1e	响应性显著正向影响消费者感知实用价值	支持
H1f	响应性显著正向影响消费者感知享乐价值	不支持
H1g	可浸入性显著正向影响消费者感知实用价值	支持
H1h	可浸入性显著正向影响消费者感知享乐价值	支持
H2	感知价值显著负向影响消费者渠道转换行为	支持
H2a	感知实用价值显著负向影响消费者渠道转换行为	支持
H2b	感知享乐价值显著负向影响消费者渠道转换行为	支持
H3	B2C 互动显著负向影响消费者渠道转换行为	支持
H3a	便捷性显著负向影响消费者渠道转换行为	支持
H3b	信息共享显著负向影响消费者渠道转换行为	支持
H3c	响应性显著负向影响消费者渠道转换行为	支持
H3d	可浸入性显著负向影响消费者渠道转换行为	支持
H4	B2C 互动显著正向影响消费者网络信任	支持
H4a	便捷性显著正向影响消费者网络信任	支持
H4b	信息共享显著正向影响消费者网络信任	不支持
H4c	响应性显著正向影响消费者网络信任	支持
H4d	可浸入性显著正向影响消费者网络信任	支持
H5	网络信任显著负向影响消费者渠道转换行为	支持
H6	实体店形象调节 B2C 互动对感知价值的正向影响	支持

续表

假设	路径	结论
H6a	实体店形象调节便捷性对实用价值的正向影响	支持
H6b	实体店形象调节信息共享对实用价值的正向影响	不支持
H6c	实体店形象调节响应性对实用价值的正向影响	支持
H6d	实体店形象调节可浸入性对实用价值的正向影响	支持
H6e	实体店形象调节便捷性对享乐价值的正向影响	不支持
H6f	实体店形象调节信息共享对享乐价值的正向影响	不支持
H6g	实体店形象调节响应性对享乐价值的正向影响	不支持
H6h	实体店形象调节可浸入性对享乐价值的正向影响	支持
H7	网络口碑调节感知价值对渠道转换行为的负向影响	不支持
H7a	网络口碑调节感知实用价值对渠道转换行为的负向影响	不支持
H7b	网络口碑调节感知享乐价值对渠道转换行为的负向影响	不支持
H8	网络口碑调节网络信任对渠道转换行为的负向影响	不支持

（一）B2C 互动对感知价值的正向影响

1975 年，Belk 将“刺激—机体—反应”模型引入营销学，认为消费者对各种可能的感官刺激会影响其心理反应，并作用于决策行为。本书的实证结果证明该理论在线上零售渠道依然适用，零售商与消费者在线上零售渠道实现的 B2C 互动，可以增加双方对彼此的了解，增加消费者对支付安全、社交性、信息多元以及使用经济性等因素的感知，线上零售渠道销售过程中由零售商设计、实施的各种视觉、听觉以及其他感官刺激会影响消费者的内在心理状态，能够正向影响消费者对线上零售渠道的感知价值。

B2C 互动的便捷性显著正向影响感知实用价值（CR = 2.317，P = 0.021），对感知享乐价值（CR = 0.515，P = 0.607）的正向影响不显著。即消费者在线上零售渠道使用过程中，对 B2C 互动技术的“方便、快速、无碍”评价越高，使用效果越好，则对该渠道的感知实用价值越好；至于 B2C 互动技术的“方便、快速、无碍”等特征能否影响消费者感知享乐价值的形成，本书并没有得出肯定结果，其中的原因还需要从心理学出发，以实验法探索细微因素对消费者情绪变化的影响。同时，本书的结果也从另一层面上佐证了 Michelle 等（2014）的观点，即“网站人气或者受欢迎程度与其自身的‘导航性能’没有统计学意义上的关联，其并不受‘导航性能’的影响”。

信息共享（CR = 1.221，P = 0.222；CR = 1.475，P = 0.140）对感知（实用/享乐）价值的正向影响不显著，这与消费者自身在多种零售渠道中对比、调查、思索的行为特征不无相关。保证信息的丰度、效度等内容是消费者对零售商或者对某一销售渠道的基本要求，而不是判定该渠道价值的实用性或者情感性依据。因此，本书中信息共享不能显著正向影响感知价值。

响应性（CR = 2.929，P = 0.013）显著正向影响感知实用价值，对感知享乐价值正向影响不显著（CR = 1.497，P = 0.134）。“客服”是否疾速、真诚、有效等因素在传统零售渠道中是消费者判断与“互动”或者“沟通”对象能否达成一致的判定因素之一，这种影响在线上零售渠道依然成立。“客服”是否疾速、真诚、有效等因素可以影响消费者对某种线上零售渠道的“理性”认知，成为其判断零售商服务态度与服务能力的依据。但是，消费者在某种线上零售渠道的使用过程中，由于无法与“互动”或者“沟通”对象进行面对面的情感交流，因而，无论“客服”是否疾速、真诚、有效都较难引起消费者情感上的“共鸣”，所以响应性较难正向作用于感知享乐价值。

B2C 互动的可浸入性显著正向影响感知实用价值（CR = 4.438，P 在 0.001 上显著）与享乐价值（CR = 3.181；P = 0.001）。Martin 和 Adams（1999）认为线下零售环境中，服务接触向消费者传递的“礼貌、热情”等因素会影响消费者对服务的评价。同样，B2C 互动中的可浸入性亦会同时显著正向影响感知价值的实用与享乐维度。线上零售渠道使用过程中，由零售商为消费者带来的感官享受、使用乐趣或者是购买乐趣均会影响消费者对该渠道价值的注意程度以及满意程度。这一点又再次证明了 Rafaeli（1988）互动增加满意度、愉悦感以及张伟、雷星晖（2012）提出的互动层次越高，消费者的感知价值越高的观点。

（二）感知价值对渠道转换行为的负向影响

感知实用价值（CR = -2.527，P = 0.012）与感知享乐价值（CR = -3.600，P 在 0.001 上显著）显著负向影响消费者的渠道转换行为。学者们对传统零售环境中感知价值影响消费者行为作用路径与方式的研究成果颇丰，认为感知价值对消费者行为的影响体现在直接与间接两个方面。本书将研究背景设定为线上零售渠道，通过实证研究证明消费者通过 B2C 互动形成的感知价值能够负向影响渠道转换行为。

（三）B2C 互动对渠道转换行为的负向影响

“互动”可以影响消费者对产品/服务的感知价值或者行为意愿（Teo，2003；Kim & LaRose，2004；涂天华，2008；卫海英和杨国亮，2011）。本书证明，该观点在线上零售渠道依然成立，B2C 互动能够对消费者的渠道转换行为产生负向影响。B2C 互动的便捷性（CR = -4.188，P 在 0.001 上显著）、信息共享（CR = -2.632，P = 0.008）、响应性（CR = -3.195，P = 0.001）以及可浸入性（CR = -3.329，P 在 0.001 上显著）均显著负向影响渠道转换行为。

方便、快捷、有效的以及可浸入性很强的双向“交流与沟通”负向影响消费者渠道转换行为。不仅线下零售渠道的零售商或者销售人员与消费者的服务接触能够通过改变消费者感知价值的方式影响其行为意愿，诸如，停留时间、购买意向等，线上渠道的零售商与消费者之间直接的、快速的、实用性和娱乐性较强的“沟通与交流”同样能够影响消费者的行为意愿，例如，提高该渠道的使用频率、使用时间，在该线上零售渠道实现最终购买，等等。本书研究证明，消费者更愿意在技术使用难度小、信息量大、双向交流无障碍和“舒爽”的渠道环境消费。

（四）B2C 互动对网络信任的正向影响

本书证明，B2C 互动各个维度对网络信任的影响存在差异。B2C 互动的便捷性（CR = 2.491，P = 0.013）、响应性（CR = 3.069，P = 0.002）和可浸入性（CR = 2.155，P = 0.031）均能显著正向影响网络信任，但是信息共享对网络信任的作用方向为负且不能发生显著影响（CR = -1.655，P = 0.098）。正如 Gefen（2003）的观点，便捷性反映了“虚拟社区”对消费者的重视程度。如果将其映射到线上零售渠道，则可以认为便捷性反映了零售商对维系“客户”关系的重视力度。当消费者接触线上零售渠道时，首先考虑的就是“触点”的可操作性。如果这种线上零售渠道的“可操作性”很强，消费者对零售商提供服务的满意度越高，那么，越有可能加深网络信任程度。

既然响应性是零售商通过“客服”对消费者进行专项服务时表现的专业素质和技能，那么零售商在响应性上优越的表现必然使消费者对其进行“许诺”与“践诺”上的再认识。尤其是在线上零售渠道这种不能面对面直接进行交流与沟通的环境中，零售商在展示专项服务时的各种表现必然会加深或者改变消费者对其原有的认知，而这种认知必然会影响网络信任的程度。

可浸入性是衡量 B2C 互动带来的感官冲击程度的因素，操作是否“舒适”，视听感觉是否“美观”、“悦耳”以及是否“刺激”都是源于消费者自身对线上零售渠道的使用感受与感觉。能够引起消费者感官注意的操作界面、操作方式或者使用流程必然是从人体功能学角度出发的，建立在消费者使用习惯与心理需求之上的，必然是经过层层筛选的设计、策划或者是经过多重考量的整体性一体化布局。同时，这些项目的实施也需要大量的人力、物力、财力与科技支撑。如果零售商在线上零售渠道的页面设计、操作流程设计或者其他一切有消费者参与的项目上能够引起大多数使用者的好评，那么也就证明了零售商对这种线上零售渠道、对使用这种渠道的消费者给予了足够的重视与支持，就会加深消费者对零售商的“许诺”与“践诺”能力的认知，深化网络信任。

信息共享正向影响消费者网络信任不显著。在 B2C 互动信息共享这一维度的构建中，仅仅凭借增加信息展示数量与展示途径的方式并不一定能增加消费者对交易不确定性的认知，因为在其他消费者或者零售商增加的信息中有可能含有欺诈或者“恶意诽谤”的成分。一旦消费者无法判定增加的或者原有的信息是否是真实的、有效的，也就无法从信息存量的角度优化对信任的认知，反而使消费者面临更多的不确定性与更复杂的决策环境。

（五）网络信任对渠道转换行为的负向影响

网络信任显著负向影响渠道转换行为（CR = 3.410，P 在 0.001 上显著）。20 世纪末，Morgan 和 Hunt 证明消费者与网络商店之间的信任关系有利于双方的合作行为，本书将研究背景设定为多渠道零售的大环境，研究证明强化网络信任同样会降低其从线上零售渠道流失的可能性。

（六）实体店形象对 B2C 互动与感知价值关系的调节作用

便利性、价格、服务和商品种类等实体店形象组成要素可在 B2C 互动便捷性、响应性、可浸入性与感知实用价值之间发挥显著负向调节作用。消费者对线上零售渠道的感知实用价值来源于整个 B2C 互动过程，B2C 互动过程中的各种因素会使消费者对渠道、零售商，甚至对渠道上发售的商品都有一个较为全面的认知，而且这种认知建立在消费者自身的“理性”之上。消费者会考虑线下实体店购物的便利性、实体店服务质量、线上零售渠道与线上零售渠道在商品价格、种类、品牌、质量的一致等因素。与一般的消费常识相似，不论是线上还是线下零售渠道，当消费者对购物便利性、商品价格/质量/种类、零售商服务等因素感知趋同的情况下，消费者愿意在“可视”、“可触”、“可真实体验”的线下销售渠道购买商品，并且对线下实体店形象的感触会延伸至在线上零售渠道购物，影响零售商与消费者在线上零售渠道互动的效果。一旦实体店形象对消费者优势作用较强，那么就有可能调节 B2C 互动对线上零售渠道感知实用价值的正向影响。实体店形象不能调节 B2C 互动中便捷性、信息共享与响应性与感知享乐价值的关系。感知享乐价值是消费者在 B2C 互动过程中产生的愉悦感受，来源于消费者在 B2C 互动过程中产生的“新鲜感”、“成就感”或者“愉悦感”。消费者对实体店的购物体验并不能影响其对 B2C 互动“新鲜感”、“成就感”或者“愉悦感”的总体认识。实体店形象可以调节可浸入性对感知享乐价值的正向影响。当 B2C 互动不能让消费者沉浸在使用的乐趣之中时，消费者有可能回忆实体店的购买体验。如果实体店购物给消费者带来足够的满足感或者是满意度，那么，建立在实体店形象之上的加大比值基数就会降低线上零售渠道操作或者使用过程中给消费者带来的“感性”收益。

（七）网络口碑对感知价值与渠道转换行为关系的调节作用

本书证明网络口碑对感知价值与渠道转换行为关系的调节作用不显著。随着受教育水平与智能化设备普及率的提升，消费者的学习能力逐步增强，呈现“智慧化趋向”[①]。消费者在不同零售商的不同销售渠道，通过多种多样的互动形式，已经充分了解不同零售商的“实力”，明确不同零售商的“承诺”，对某个零售商的某种销售渠道形成了较为完整的“认知”。消费者一旦通过 B2C 互动对某种线上零售渠道的感知价值有了“质”的变化，那么，就会认为在这种渠道的购买活动是“物有所值”的，即使是“货不对板”，也会通过“售后服务”得到利益的补偿，此时，“网络口碑”对消费者的影响力度就会降至最低点，甚至可以忽略不计。

（八）网络口碑对网络信任与渠道转换行为关系的调节作用

本书证明网络口碑对网络信任与渠道转换行为的调节作用不显著。可能的原因是网络口碑的发布者对自身所经历的服务过程或者购买产品品质认识较为肤浅，或者不屑于发布自身真实的经历与感受，因而网络口碑不能准确地描述相关

① IBM 全球企业咨询服务部（IBM Global Business Services，IBM GBS）。目前为世界最大的咨询机构。官方网站网址：http：//www. ibm. com/cn/services/bcs/（中文），http：//www. ibm. com/services/（英文）。

的服务与信息，或者发布比较简单。这一点在我国的各大购物网站售后评价专栏中也可以得到印证。例如，其他消费者为赚取“福利”而发布的商品说明、规格介绍或者是标点符号，等等。由此，消费者必然不会因接受网络口碑而改变由网络信任而生的渠道转换行为或者意愿。

本章小结

首先，本章主要完成数据梳理与模型验证。在样本数据特征和描述性统计分析的基础上，对模型可能存在的共同方法偏差问题进行校验。其次，本书对模型涉及的变量进行相关分析和共线性分析，并进行了信度与效度检验。再次，运用结构方程模型对整体模型进行分析、判断。最后，对模型中变量的中介作用、调节作用进行了验证。

第五章
研究结论

促使消费者“浏览即购买”是多渠道零售商线上零售渠道营销活动的基本目标。21 世纪初，Lee（2002）通过对网购用户的消费行为研究指出，网络经销商因为没能通过有效的互动将潜在的消费者转换为现实的购买者，所以不能取得足够的预期利润。本书也证明了类似观点，有效的 B2C 互动可以通过直接与间接效用负向影响消费者渠道转换行为。本章通过实证结果得出研究结论与管理启示。通过研究回顾指出本书的局限以及未来研究的重点。

第一节　主要结论

电子商务使消费者具有了与全球零售商即时沟通的基础条件，虚拟社区成为分享消费心得及推荐产品的数据平台。“营销者空间”（Marketer Space）由零售商掌控，零售商决定让消费者知道什么和做什么，但是，“消费者空间”（Consumer Space）使消费者有权选择何时、何地以何种方式与零售商来往。零售商与消费者互动的主动权逐步由消费者掌握。消费者根据不同线上零售渠道的“互动特性”带给自身的心理感受做出相应的行为决策。如果线上零售渠道使用便捷、信息丰富、服务有效，而且使用中的愉悦性较强，那么线上零售渠道极有可能成为消费者最终购买渠道；如果消费者认为线上零售渠道在感知价值、网络信任或者其他要素上没有达到既定标准，则有可能将其摒弃在购买渠道之外。

一、B2C 互动对感知价值（实用/享乐）的正向影响具有差异，对渠道转换行为具有显著负向影响

B2C 互动的便捷性能够显著正向影响消费者的感知实用价值。这是因为消费者使用“移动”或者“网络”渠道时，首先对其造成心理影响的就是“便捷性”，是这种渠道接入方式是否安全、便捷，使用方式是否简单、易操作。“便捷性”的优劣将直接影响消费者对该渠道价值的感知。信息共享正向影响消费者感知价值不显著不意味着其对渠道转换行为没有任何影响。原因在于消费者会从多种不同的渠道对同种产品或者服务的信息进行搜寻、对比，根据自身的消费经验与消费能力对其进行“客观”评价，在接入某一渠道之前可能已经形成了对特定产品或者服务的“主观认知”，本渠道提供的信息只能是“加工模块”中的“辅助部分”，而不是已经搭建的“主体框架”，只起到辅助作用，而不是决定作用。但是，此点不能成为零售商忽视信息“真实性”与“有效性”建设的“借口”。随着消费者自身辨识能力的增强，对信息真实与有效的判断会越来越“精准”、“客观”，如果以看似“虚假”、“作秀”的方式，以偏离客观的“噱头”吸引消费者的“关注”，可能会被消费者视为对其“学识”与“能力”的“嘲弄”，降低其对“特定渠道”的综合判断，甚至是放弃使用。响应性考察零售商的服务质量。对于线上零售渠道来讲，服务质量的高低是消费者判断零售商能力的“杠杆”，“客服”在专项服务时表现的专业素质和技能虽不能显著正向影响感知享乐价值，但可以显著正向影响感知实用价值，同时，响应性还可以直接作用于其渠道转换行为，零售商如果不将提升“客服”能力与素质作为渠道建设的重要变量，则有可能流失大量的潜在客源。B2C 互动的可浸入性能够提升消费者在渠道使用过程中“实用”与“享乐”的感受，可浸入性显著正向影响感知价值。这项结果表明，虽然消费者与零售商不可能实现线上零售渠道面对面的互动或者直接的销售刺激，但是，零售商却可以通过“优美的界面”、“美妙的视听”或者“刺激的”、“舒爽”的感官享受为提高消费者感知价值做出有益辅助，从而增强消费者使用线上销售渠道的“内在需求”。

B2C 互动显著负向影响消费者的渠道转换行为，这说明消费者从 B2C 互动的便捷性、信息共享、响应性与可浸入性获得足够满足，如产品或服务的价格、产品或服务的特征、零售商信息、市场反应等，将有利于消费者产生在线上零售

渠道同时完成信息搜索与购买交易的动机或者意向。本书证明在使用线上零售渠道时 B2C 互动对消费者渠道转换行为的显著负向影响从另一个侧面证明了互动效果越高，消费者购买意愿越强的观点（Preeee，2001；Dholakia，2004；范晓屏，2007）。B2C 互动作为消费者使用线上零售渠道时获取信息的主要途径，如果向消费者共享了所需的便捷技术支持、真实有效的信息内容、方便及时的反馈服务以及精神上的愉悦享受，将促使消费者产生购买的意愿或者动机，负向影响消费者的渠道行为。

二、感知价值显著负向影响渠道转换行为

感知（实用/享乐）价值可以显著负向影响消费者的渠道转换行为。本书从另一角度辅证了网络购物时感知价值越高，消费者购买意愿越强的观点（Stefan，1997；Mathwick，2002；Zhan Chen & Alan J. Dubinsky，2003；Couchen Wu & San - san Hsing，2006；赵晓煜和曹中鹏，2010）。Eastman 等（2009）的研究显示，越来越多的消费者即使已经购买了产品，但其仍然愿意花费大量的时间浏览相关的最新产品或者服务信息以获得心理上的满足，越来越多的消费者花费大量的时间和精力学习使用“新渠道”仅仅是出于“享乐”目的，这类群体很可能最终会产生渠道购买行为。消费者使用某种渠道，不仅仅是出于购买产品或者服务的目的，其还将获得“乐趣”寄希望于此类活动（Bsbin，1994），活动中获得的“享乐”会对此行为意向的产生做出决定性影响（Bridges & Florsheim，2008；Chiagouris & Ray，2010）。

三、B2C 互动的便捷性、响应性与可浸入性显著正向影响网络信任，网络信任显著负向影响渠道转换行为

当前，消费者习惯将大量产品放入“购物车”，但却不会逐一付款成交，据 CNNIC 调查显示，我国 2013 年网购群体月均浏览购物平台 68 次，但仅有 28 次订单交易，订单转换率为 40.3%。影响消费者网购成交的因素很多，例如，价格、服务、物流、支付方式、网络信任等。如果零售商已经通过其他方式与消费者之间建立了“牢固”的信任关系，那么，这种信任关系会促使消费者开始尝试或者继续与零售商在线上零售渠道建立合作关系。B2C 互动的便捷性、响应性与可浸入性能够为消费者提供心理上的安全感知，增加消费者对线上零售渠道

收益以及零售商实力的判断。当 B2C 互动水平较高时，消费者会倾向于相信随着互动程度的加深，信息共享这一维度展示的资料是完整的、真实的、有效的，从而增加积极的购物决策。而且，建立在网络信任关系上的“感情纽带”会促使消费者与零售商在“便捷性”不太强的渠道继续接触，继续检验该种渠道的其他特征，如信息共享、响应性或者可浸入性。当由便捷性、响应性、可浸入性构成互动内容和互动程度对消费者产生积极影响时，消费者会加深网络信任，增加其在零售商构建的销售体系中购物的可能性，负向影响渠道转换行为。

当线上零售渠道购物的不确定性增强时，或者是当网络购物规则不足以约束零售商时，消费者需要网络信任来减少线上零售渠道购物的不确定性。网络信任发生在消费者和提供线上零售渠道的零售商之间。消费者通常被认为是处于弱势风险的信任方，零售商被认为是被信任方。当 B2C 互动水平或者效果让消费者对提供线上零售渠道购物的零售商卖方能力或者诚信品质产生足够感知并信任时，消费者会认为零售商将履行承诺并践行，对确保消费者利益持积极预期，对购买决策产生良性影响，从而负向影响渠道转换行为。

四、实体店形象调节 B2C 互动便捷性、响应性、可浸入性对感知实用价值的正向影响，调节可浸入性与感知享乐价值的正向影响

实体店形象在 B2C 互动与感知价值（实用/享乐）之间的调节作用各不相同。实体店形象弱化 B2C 互动（便捷性、响应性、可浸入性）维度对感知实用价值的正向影响，但实体店形象只能弱化可浸入性与感知享乐价值的正向影响。通常情况下，消费者解决不确定性问题的方式是依靠自身消费经验或者寻求更多的相关购买信息。大部分消费者并不是对每一种线上零售渠道都是充分了解的，也并不是每个消费者都有足够的线上零售渠道购买经验。既然自身消费经验很难对线上零售渠道的不确定性做出解释，或者是公示的信息不足以给予消费者足够的信心，那么，消费者就会通过实体店的购买经验定位线上零售渠道的感知实用价值，比如服务质量是否达到标准，购物流程是否适合等。同时，实体店的购物经历，尤其是愉悦的、有趣的，或者是美好的购物感受也会影响其对线上零售渠道的感性评价。

五、网络口碑对感知价值与渠道转换行为关系的调节作用不显著

线上零售渠道与传统零售渠道具有差异，线上零售渠道的各种产品与服务的“质感”无法通过二维图片、三维模拟完全真实展现。虽然三维拟人展示技术与媒体传输能力在不断进步，但是，由于技术设计与环境限制，消费者仍无法掌握产品与服务的真实使用状态。为了解产品与服务的真实状态，消费者必然会在各种渠道收集大量的相关信息，做出心理权衡。例如，《洛杉矶时报》的调研显示，44%的网络用户在购买前会参考其他用户的评论（Riller，1999）。2013 年《中国网络购物市场研究报告》指出，用户评价对消费者的网购决策渠道具有重要影响作用。当购买不熟悉与熟悉的产品时，首先关注用户评价的消费者各占全体的 37.5%和 25.0%。

本书证明，网络口碑影响感知价值对渠道转换行为的负向影响不显著。感知价值的产生是消费者依据 B2C 互动过程中的所知、所感做出的较为理性的判断，是消费者对零售商或者是对线上零售渠道的较为客观的认知。近年来，蒙牛“诽谤门”、“3Q”大战……以鼠标和键盘“炒作”或者“诋毁”竞争对手的事件此起彼伏，致使消费者对口碑的真实性持谨慎态度。信息时代产生的“爆炸性”使消费者更加理性地甄别、分析、判断各种信息发布与传播的真实目的，多方判断各种口碑的综合效用，不会轻易因口碑改变自身的价值判断。

六、网络口碑对网络信任与渠道转换行为关系的调节作用不显著

消费者在使用线上零售渠道的过程中，会对网络口碑传播方的专业性、口碑质量进行判别。网络口碑弱化网络信任对渠道转换行为的负向影响不显著可能的原因有以下两点。第一，随着消费者辨识能力的增强，消费者会自动摒弃“水军”或者“专业推手”的操作。消费者在使用线上零售渠道的过程中，会对网络口碑传播方的专业性、口碑质量进行判别。由于“水军”或者“专业推手”的存在，消费者已不再刻意关注“好评”与“差评”。第二，消费者对线上零售渠道的网络信任程度受个人因素影响较大。国内外的零售商如 AOL、eBay 等都发生过消费者个人信息泄露的不良事件（Urban 等，2000）。中国消费者协会

2013 年通过在我国四个一线城市、八个二线城市的调研得出《信息消费与安全调研报告》，报告显示受访者对信息安全的满意度评分为 3.7（满分 10 分），同时，报告中还显示，学历越高的消费者对个人信息保护的意识越强[①]。当个人信息遭到泄露以后，消费者顿时降低对信息泄露渠道的信任程度，进而放弃购买的意愿。由此可见，消费者对线上零售渠道的网络信任是建立在互联网购物的宏观环境中，并凭借自身能力不断强化理性判断，且较少受到网络口碑的影响。

第二节　理论贡献与管理启示

一、理论贡献

线上零售渠道具有方便、快捷、跨时空限制以及易于信息搜集、对比等特点，消费者使用线上零售渠道时渠道转换行为频发。对于零售商来讲，促使消费者在同一条渠道完成信息搜索与购买交易过程是保持市场份额、增加销售利润、增强竞争实力的关键。因而，学术界逐步关注线上零售渠道消费者渠道转换行为的影响因素，并试图探索影响消费者渠道转换行为的机制。

（一）构建了 B2C 互动对消费者渠道转换行为的影响机制模型

本书借鉴 B2C 互动与消费者行为关系的研究成果，在 TAM 理论、体验理论、期望效用理论、信任理论、元认知理论等相关文献研究分析的基础上，论证 B2C 互动对渠道转换行为的影响机制。本书结合实体店形象对 B2C 互动与感知价值关系的调节作用、网络口碑对感知价值与渠道转换行为关系的调节作用、网络口碑对网络信任与渠道转换行为关系的调节作用，综合分析了 B2C 互动、感知价值、网络信任与渠道转换行为之间的关系，探讨了 B2C 互动影响渠道转换行为的直接与间接路径。

---

① http://www.chinanews.com/sh/2013/13-23/5652165.shtml.

（二）提出了消费者渠道转换行为的测量方法

多渠道零售环境下，越来越多的消费者趋向于通过渠道转换行为获取感知“所得”最大化或者是购买渠道的最优解。相关学者从渠道转换行为的表象出发，归纳了渠道转换行为的概念、内涵，探索了影响消费者渠道转换行为的影响因素，但是较少从消费者心理与行为特征角度进行渠道转换行为的测量并验证。本书在借鉴相关成果的基础上，以拥有渠道转换行为经历的消费者为研究样本，测量了 B2C 互动对消费者渠道转换行为的影响，为今后的消费者渠道转换行为研究提供了一定借鉴。

（三）深化了多渠道零售环境下线上零售渠道 B2C 互动的理解

对线上零售渠道互动的研究多从技术导向出发，主要围绕感知易用性、感知有用性、感知风险等因素展开，研究特定技术应用对消费者行为的影响，其解释的原始点在于“网络虚拟系统”，解释的是不同形式的在线互动，如购物网站、游戏网站或者社交网站的具体互动形式（人机互动、人际互动）对消费者行为或者参与人员的行为意愿影响。本书通过对 B2C 互动相关研究的梳理与总结，将体验理论引入 B2C 互动研究，从消费者感知出发，归纳 B2C 互动的内涵与外延，明确 B2C 互动对渠道转换行为影响的直接与间接路径，深化了多渠道零售环境下线上零售渠道 B2C 互动的理解。

二、管理启示

伴随着移动接入以及便捷支付技术的发展，零售商不断开拓销售渠道，实施多渠道战略。如何把握消费者心理及行为特征，如何稳定消费者对零售商的“忠诚度”，如何将消费者保留在自身的销售体系，是多渠道零售商必须面对并解决的客观问题。

（一）从消费者的行为特征出发，通过建立或完善线上零售渠道的方式将消费者保留在自身的销售体系

当前，移动终端设备、数字电视、店内信息查询机、虚拟墙等信息技术成果

不断融入普通消费者的日常生活①。消费者不仅熟悉这些智能型设备，还善于使用这些设备接入线上零售渠道，并在各种零售渠道之间游刃有余地“折返往复”以获取“感知”的最大所得与“便捷”的实际付出。业界研究认为，市场销售已从“产品为中心”转为“以客户为中心”②。

多渠道零售环境下，消费者既有传统的“理性与保守”意识，又有“超前”与“创新”的意识。对于消费者来讲，线上零售渠道并不只是获取“低价”产品信息的搜索渠道，还是通过“细致、便捷、稳定、高质化”享受零售商为之提供个性化服务的渠道。因此，零售商需要借助信息技术成果，不断完善 B2C 互动设计与实施效果，让消费者更加轻松地掌握零售商以及产品或者服务的相关信息。

Horton & Wohl（1956）曾经指出真实的社会活动与类社会互动的不同表现在程度上，而不是类型上，其根本差距在于类社会互动没有实际的互惠关系（Effective Reciprocity）。事实上，不同销售渠道、不同消费环境中的各种互动设计与实施，以及各种互动给消费者带来的实际价值感知并没有使消费者变得更加盲从，反而随着个人消费经验与消费能力的提升，变得更加“成熟”、“精明”与“智慧”，更加愿意通过个人与信息或者“站点”发生互动的方式（Brown 等，2007）建立或者维系与零售商之间的关系（Reichheld & Schefter，2000），更加愿意从“研究、对比”的结果中以“渠道转换”这种方式获取其“感知价值”的最优化。

因此，随着多渠道零售环境中信息交互技术的推陈出新和消费者在购买渠道选择以及交易实现过程中讨价还价能力的不断增强，零售商需要不断利用线下零售渠道的既有优势，建立并完善与线下零售渠道相融合的线上零售渠道，需要不断增强与消费者的 B2C 互动，邀请其参与“价值共创”，将其保留在自身的销售体系，进而获取潜在的利益。

（二）着重突出 B2C 互动的可浸入性设计，满足消费者的多层次感知需求

当前，大多数线上零售渠道的 B2C 互动“便捷性”、“信息共享”和“响应性”设计基本“一致”，线上零售渠道硬件基础服务大致相同。趋同的硬件服务

① http://www.fastcompany.com/1715933/intels - virtual - footwear - wall - adidas - turns - boutiques - shoe - topias - video.

② http://it.chinabyte.com/76/12082576.shtml.

在促进消费者购买决策的优势不强。“可浸入性”是通过软件设计带给消费者的主观刺激，包括视觉、听觉上的感官享乐以及情绪所得。感官享乐引起消费者关注，情绪所得使感知价值更加个性化。在线上零售渠道硬件基础服务趋同的情况下，突出“可浸入性”是吸引消费者目光的有效手段。

由此，零售商在B2C互动策略设计中，首先，应强调技术接入的简易性与使用操作的便捷性。其次，设置“专栏”或者“社区”讨论某一种产品或者服务，突出“专业性、针对性与无差别性”。再次，通过提高“响应”速度与能力建立消费者对渠道服务高效、专业与诚信的认知。最后，通过“可浸入性”设计将消费者“感官”与“心智”挽留在渠道使用带来的精神享受之上。

（三）不断完善各个渠道互动设计的协同，全面提升互动营销效果

协同理论（Synergetics）又称“协同学”或者“协和学”。协同理论于20世纪70年代由德国Hermann Haken教授提出，是指协调两个或者两个以上的独立个体或者资源部门，以使其一致完成特定目标或者活动的科学。哈肯教授认为只要是呈现出非平衡有序结构的开放自然或者社会系统，都可以应用协同理论进行研究。20世纪60年代，美国学者安索夫借用投资收益分析协同的经济学含义。伊丹广之从“互补效应”以及“协同效应”出发，再次深入探索协同理论的内涵，韦斯顿将协同理论运用到兼并的研究中，认为兼并可以通过协同效应表现在生产效率的改善上，因而是有益于社会进步的，波特则认为企业各个业务之间的关联表现为协同。企业竞争优势就来源于这种业务之间的关联。由此可见，协同管理是应用协同理论的基本思想与方法，研究管理对象的协同规律并且实施管理的理论体系①。零售企业将协同管理应用到营销实践当中，可以利用电子商务的前沿技术，系统整合线下与线上零售渠道的跨渠道合作能力，能够让线上与线下零售渠道共享业务流程、作业程序，共同服务目标消费群体，提高竞争优势。

B2C互动可以负向影响消费者的渠道转换行为，但是，B2C互动并不是影响消费者渠道迁移的全部因素，情景（Kim等，2002；Schoenbachler D. & Cordon G.，2002；Darian J.、Wiman A. & Tucci L.，2005；Asim Ansari等，2008，Chatterjee P.，2010）、产品（Gupta等，2004；Thomas & Sullivan，2005；Chiang等，2006；Chu，2008）与交易风险（Black & Lockett，2002；Montoya – Weiss & Voes，2003）等因素同样也会产生一定作用。克服这些因素的影响需要不同销售

---

① 何国军．基于协同理论的出版供应链管理研究［D］．武汉：武汉大学，2014.

渠道的共同努力。

为此，零售商必须以大胆的新方式和品牌资产（Lu Taihong，2006）通过不同渠道不同形式“互动”的有效组合，链接营销者空间与消费者空间。全渠道参与“互动”不等于全部渠道都要实现同样的互动模式，不等于零售商将精力和资源全部均分，只需每个渠道结合自身既有优势全力完成即可。实体渠道具有“购前可视”的优势，可以通过“员工—顾客”互动的方式突出“说服”效果，辅以良好的店内环境与查询设施，意在实现即时满意的“冲动购买”；网络渠道与移动渠道扩大了产品供应的空间范围，冲破了人际服务的时间限制，应强调“互动”技术的易用性、信息的有用性、服务响应的即时性与操作的可浸入性。但是，网络渠道与移动渠道在具体的“互动”技术实现上还应有一定差别，网络渠道“互动”由于设备固定性的限制，应更加注重“稳”的概念，注重操作设计的“流畅性”与界面设计的“舒适性”，通过技术上的“无等待性”与视觉、听觉的“无碍性”使消费者尽量忽视时间的概念。移动渠道“手持”的特殊性使其与消费者“寸步不离”，大多数消费者习惯在交通时间、就餐时间、等待时间以及就寝前操作应用。移动渠道互动设计应突出“准”的概念，尽量减少消费者为完成某一条目的的必需时间。同时，还可在娱乐性或者享乐性上突出作为，通过简单“精神享受”完成“品牌忠诚”植入。直复渠道由于消费者通常以电话或者电子邮件形式完成购物，消费者与营销人员或者“网络”很少正面接触，“互动”设计不易。可通过专门“团体会员活动”或者“优惠日”等契机，为消费者与营销人员创造现场互动环境，增加其“品牌”的认可度；可通过传递各种形象逼真的产品信息方式减少消费者搜索时间，等等。零售商应认识到，全渠道“互动”是社会发展所趋，渠道协同是一种战略理念，全渠道互动则为战术应用。既然是战术，就需要对各个渠道进行优势分析，适当取舍。例如，可将线上零售渠道作为“多功能一体中心”。这种渠道兼顾“消费传统”与“技术创新”，不只是“售卖”的场所或者“站点”，而是具有“推介”、“体验”、“售卖”与“娱乐”、“咨询”、“形象宣传”等多种功能，具有特定产品“售卖权”的，并于其他渠道相互支撑与协助的“多功能一体中心”。同时，“多功能一体中心”还必须能够实现“尝试新产品”、“优先权获取”、“影响新产品开发”等消费者现实要求的一种（陈艺玲，2011）。

（四）共创价值网络，明确实体店与线上零售渠道的功能差异

价值网络是一种新的经营模式，价值网络通过数字信息将消费者与服务供应

商紧密相连，通过定制式方案，提升企业运营水平。如果从消费者价值驱动视角出发，价值网络理论的核心为以消费者不断变化的需求为基准点，从消费者偏好、销售渠道、产品因素、投入因素到企业资产与核心竞争力，改变价值链方向，以获得持续利润①。以 Cox & Goodman（1956）、Anderson 等（1994）为代表的学者认为消费者在与零售商或者在与企业互动的过程中越来越占据主动，消费者已经成为价值网络的重要组成部分。Meuter 和 Bitner（1998）提出，消费者与服务供应商的互动可以在消费者与服务供应商之间实现价值的共创，同时，消费者贴近市场的创意和体验感知能够提升服务供应商在价值共创中的水平。Prahalad & Ramaswamy（2003）认为，消费者可以参与所有的价值共创过程，而且可以通过参与价值共创过程，实现专为自身定制的个性化服务以及帮助企业改善产品或者服务结构，形成差异化优势（Lusch & Vargo，2006）。Matthing（2004）认为消费者是企业的无形资产，是实现企业价值的重要成员（武文珍、陈启杰，2012）。与此类似，普拉哈拉德和拉马斯瓦米（2005）提出了“价值创造的连续光谱”，愈加证实了这一观点。

随着全球经济一体化进程的加快，与消费者共同生产并传递价值得到了学术界的认可。多渠道零售使大部分的交易行为在社会互动中完成，越来越多的零售商意识到“互动”对企业收益与创新的影响，意识到需要与消费者在持续的互动中相互融合渗透，意识到需要将 UGC（User Generated Content）理念引入销售渠道建设。既然零售商需要与消费者互动并共创价值，那么，就需要用各种不同的互动方式把产品或服务信息的具体内容和沟通体验从一条渠道“释放”（Disembedding）至另一条渠道（Fuchs，2004），进而实现消费者与零售商在各条销售渠道互动的无差别化，以使零售商与消费者的互动更加精准、实时和全面。

服务与销售环境是企业和消费者接触的平台，环境建设是影响消费者认识企业形象，形成消费者体验的重要环节（Andrewnewman 等，2007）。在消费者接触线上零售渠道时，实体店形象会对 B2C 互动便捷性、响应性、可浸入性与感知实用价值，以及可浸入性与感知享乐价值的关系产生负向调节作用。消费者对实体店的“省时省力”、“体验”、“价格”等因素的原有定位会影响或者迁移至线上零售渠道之中。随着传统经济向互联网经济发展，消费者越来越挑剔，他们会

① Adrian J. Slywotzky，David J. Morrison，Bob Andelman. The Profit Zone：How Strategic Business Design Will Lead You to Tomorrows Profits［M］. Random House Inc.，2002；斯莱沃斯基. 发现利润区（Profit Zone）［M］. 凌晓东译. 北京：中信出版社，2007.

越来越珍惜时间，得到的信息会越来越多，而且越来越个性（Mittal，1999）。差异化趋强的消费者对实体店形象不同的预判对线上零售渠道 B2C 互动各维度与感知价值关系的调节作用也会各不相同。为此，零售商应对实体店与线上零售渠道的销售功能与销售产品做出定位。对实体店中的零售店和体验店也应在区位布局与服务流程做出区分。零售商可以通过对消费者线上零售渠道使用痕迹的整理，了解消费者对产品价格的预期以及价格的可接受范围。并根据产品类型设计实体零售店与线上零售渠道的价差，力争实现优势产品线上与线下同价，避免大量的实体零售店成为“展厅”。

（五）通过“信任”的纽带维系与消费者之间稳定的“关系”

近十年来，网络空间自我发展，逐步形成网络信任机制，这种机制尚不完善，而且网络安全事件时有发生。但是，网络用户对互联网络的整体信任程度仍逐年上升。2007 年，我国网络用户对互联网络的信任只有 35. 1%，时至 2014 年底，对互联网络的信任度已经上升至 54. 5%①。

网络信任伴随互联网交易而生，是“体验经济”环境下影响消费者渠道转换行为的因素之一。由于线上零售渠道具有虚拟性特征，其和传统实体零售渠道相比具有更大的信息不对称性与不确定性。消费者对线上零售渠道形成完全的网络信任较难。零售商在大致相同的线上零售渠道提供大致相同的“B2C 互动”环境，消费者形成了大致相同的感知价值，但是对某一“特定”零售商“强烈”的网络信任就会让其在其他零售商的互动环境中“脱颖而出”，同时，这种“强烈”的网络信任还会在不太了解“产品或者服务”的情况下，促使消费者选择该零售商的“最新”销售渠道。

（六）合理疏导网络口碑造成的“舆论”影响

虽然由于“水军”以及网络公关公司的存在②，零售商很难控制各种线上平台，如“用户评论”、“晒单”等 C2C 信息，但是，零售商却可以通过积极的行为及时矫正网络口碑造成的不良影响，例如，可以通过“客服”即时回复消费者意见，对消费者投诉的处理结果采取面向所有用户的公开可追访制度，等等。

---

① 第 35 次 CNNIC 报告第六章：个人互联网应用状况，http：//tech. qq. com/a/20150203/037842. htm。

② 网络公关公司：为企业提供品牌炒作、产品营销、口碑维护、危机公关等服务，http：//baike. so. com/doc/5966460 - 7570616. html。

鉴于此，零售商应该良性面对各种网络口碑，合理疏导网络口碑引致的舆论效应。对待各种“社区”、“板块”与“媒体”或者针对某种“渠道”的评价，应以负责任的态度，积极、坦然地向社会、向消费者陈述；从“全角度”出发介绍事件的前因后果，从消费者或者受众心理判断出发选择“发言”的立意，力争疏导消费者的认知趋向，使其增强对自身的“信任”，以及继续保持顾客关系的信心。

综上所述，零售商应设置更多的“新颖、独到、便利”的“触点”，实施“全渠道互动营销”策略，以实现渠道协同效应。零售商可通过与消费者“共创价值”的方式，以及提供更多个性化信息与差异化服务的方式，扩大“精准营销”的市场范围（Agatz 等，2008；Barnes 等，2004；杨水清，2012）。某一渠道的盈利增加，并不一定会降低其他渠道的收入，还可能通过渠道之间相互支持的方式增加零售商的总利润（Brynjolfsson、Smith & Hu，2003；杨水清，2012）。

第三节　研究局限与展望

一、研究局限

在问卷调研与实证研究中，本书着力实现研究的科学性与严谨性。但是，由于研究条件、时间与个人能力的限制，本书存在一定的不足之处。

（一）样本来源

由于受问卷显示方式与设备操作作答的难易度所限，本次网络问卷调研对象80%通过台式计算机完成。惯常使用移动终端上网与使用台式机上网的用户对B2C 互动的要求存在差异，B2C 互动对感知价值、网络信任和渠道转换行为的影响可能有所不同。由于使用移动终端获取的问卷数量偏少，不能满足 T 检验与单因素方差分析的分组规模要求，本书未对此作相关分析，因此，本书研究成果在解释移动渠道的现象时可能稍有偏差。

（二）测量工具

本书从 B2C 互动的维度出发，校验其对感知价值、网络信任和渠道转换行为的影响。对于测量工具的选择，本书主要以相关文献为依据，问卷的信度较好。但是，由于问项稍多，可能会影响样本对象的作答情绪与态度，进而影响问卷的作答准确度。同时，操作问项中某些用语表述可能过于专业化，样本对象由于理解不清导致填写困扰。鉴于 Burisch（1997）提出问项越短越好，作答时间保持在 15 分钟内的要求，本书在未来的研究中必倍加注意。

（三）研究方法

本书采用问卷调研与结构方程模型研究多渠道零售环境下消费者的渠道转换行为，探索 B2C 互动、实体店形象、感知价值、网络信任、网络口碑与渠道转换行为的相关关系。由于采用问卷发放与样本对象自呈报告的方式，在资料的动态性获取与确定变量因果关系上有一定局限。在未来的研究中，计划采用实验法，辅以案例分析以及田野访谈等方法设计操控样本对象，以保证数据获取的动态性、及时性，强化研究的精准性。

二、未来研究的重点

本书从 B2C 互动的内涵机理出发，通过 SEM 模型研究，深入研讨了多渠道零售环境下线上零售渠道 B2C 互动对渠道转换行为的影响机制，丰富了消费者网络购物行为的研究成果。但是本书在研究中仍有大量的命题假设需要进一步研讨。

（一）延伸研究力度与方向

消费者渠道转换行为的形成过程是动态的、连续的。消费者在参与 B2C 互动过程中的所知所感会影响其渠道转换行为。虽然在大多数的实证研究中，使用意向通常可以预测实际使用行为（杨水清，2012）。但是，渠道转换意愿与渠道转换行为之间可能存在其他的影响因素。由于样本空间与研究时间的限制，本书并没有探讨消费者渠道转换意愿与渠道转换行为的关系。计划在未来的研究中，采用面板数据探索 B2C 互动引起的感知变化致使渠道转意愿变化对渠道转换行为的影响。

消费者的渠道转换行为表现不同，可以分为同一零售商销售体系内部渠道类型的转换以及同时转换渠道类型与零售商。本书由于研究内容所限，仅考量了B2C互动对消费者是否产生渠道转换行为的影响，而没有探索B2C互动对消费者在何种情况下产生何种具体渠道转换行为的影响。以此为出发点，本书将继续探索B2C互动对消费者渠道转换行为的深入作用，探索B2C互动对跨渠道跨零售商转换、同一零售体系内部转换以及跨零售商转换的影响机制。

（二）引入新的变量

越来越多的学者认为，随着移动渠道购物质量的提高，消费者的渠道选择行为愈加复杂（杨水清，2012）。影响渠道转换行为的变量还有很多，如竞争者吸引力、转换成本等，而且可能还有作用于B2C互动与感知价值的中介变量，如产品涉入度、品牌忠诚度与“账面价值”；可能还有作用于B2C互动、感知价值与渠道转换行为的调节变量，如参考群体、传统口碑等。在以后的研究中，将引入相关变量，对模型进行拓展，以便取得更加丰富、更具实践价值的研究成果。

（三）跨文化研究

本书在校验研究模型时，使用的数据来源于中国大陆。事实上，国外市场的信息化程度与消费者特征和我国稍有不同，本书的研究结论有可能并不能说明或者解释其他国家线上零售渠道的B2C互动、感知价值、网络信任与渠道转换行为之间的关系。跨文化研究是消费者行为研究的一大趋向，将秉承这一原则继续比较不同文化背景下消费者的行为差异，以便增加研究模型的适用性。

附录

消费者渠道转换行为调查研究

尊敬的女士/先生：

您好。感谢您在百忙之中填写问卷。本次调查完全采取匿名形式，请您根据您的真实看法和感受如实填写，所有数据仅供学术研究使用。

本次调研的目的是明确您在访问银泰、国美在线、苏宁易购、沃尔玛、华联、大润发等由多渠道零售商建立的网购平台时，点击界面、收集信息、与“客服”交流、参与会员活动时引起的心理变化以及这种变化对渠道转换行为的影响。

问卷填写指导：

消费渠道分为四种，包括实体渠道、直复渠道、网络渠道和移动渠道。实体渠道是指便利店、商场、超市等。直复渠道是指电话购物、目录单购买等。网络渠道是指通过不可移动的电子设备购物，如台式电脑。移动渠道是指通过可移动的手持智能设备购物，如手机、平板电脑等。

一、您的消费行为特征辨识

1. 您使用过哪些渠道搜索欲购买产品的信息

a. 实体渠道：便利店、商场、超市等

b. 直复渠道：电话购物、目录单等

c. 网络渠道：台式电脑

d. 移动渠道：手机、平板电脑等

2. 您有没有在一种渠道搜索欲购买产品信息，而在另一种渠道购买该产品的经历

a. 是　　　　b. 否

二、请您回忆最近一次访问国美在线、苏宁易购、银泰、华联等网购平台的经历，并回答如下问题

1. 您使用何种设备访问购物平台

a. 手机　　b. 台式电脑　　c. 平板电脑

2. 很容易就能熟练地使用这种渠道

a. 非常同意　　b. 较同意　　c. 同意

d. 较不同意　　e. 非常不同意

3. 很容易就能从这种渠道获取相关产品或者服务的信息

a. 非常同意　　b. 较同意　　c. 同意

d. 较不同意　　e. 非常不同意

4. 操作系统更新快

a. 非常同意　　b. 较同意　　c. 同意

d. 较不同意　　e. 非常不同意

5. 使用时无时空限制

a. 非常同意　　b. 较同意　　c. 同意

d. 较不同意　　e. 非常不同意

6. 依托这种渠道，我能够获取足够的购物参考信息

a. 非常同意　　b. 较同意　　c. 同意

d. 较不同意　　e. 非常不同意

7. 使用这种渠道提高了信息搜索效率

a. 非常同意　　b. 较同意　　c. 同意

d. 较不同意　　e. 非常不同意

8. 其他消费者信息搜索的痕迹有据可查

a. 非常同意　　b. 较同意　　c. 同意

d. 较不同意　　e. 非常不同意

9. 零售商提供的“佐证”信息有效

a. 非常同意　　b. 较同意　　c. 同意

d. 较不同意　　e. 非常不同意

10. “客服”能够及时回答我的问题

a. 非常同意　　b. 较同意　　c. 同意

d. 较不同意　　e. 非常不同意

11. “客服”的回答与我的问题密切相关

a. 非常同意　　b. 较同意　　c. 同意

d. 较不同意　　e. 非常不同意

12. “客服”乐于与我沟通、交流

a. 非常同意　　b. 较同意　　c. 同意

d. 较不同意　　e. 非常不同意

13. “客服”的接入方式便捷

a. 非常同意　　b. 较同意　　c. 同意

d. 较不同意　　e. 非常不同意

14. 该渠道操作方式舒适

a. 非常同意　　b. 较同意　　c. 同意

d. 较不同意　　e. 非常不同意

15. 该渠道有视觉冲击

a. 非常同意　　b. 较同意　　c. 同意

d. 较不同意　　e. 非常不同意

16. 该渠道有听觉冲击

a. 非常同意　　b. 较同意　　c. 同意

d. 较不同意　　e. 非常不同意

17. 该渠道有娱乐功能

a. 非常同意　　b. 较同意　　c. 同意

d. 较不同意　　e. 非常不同意

18. 零售商常会在该渠道推出适合“我”的主题活动

a. 非常同意　　b. 较同意　　c. 同意

d. 较不同意　　e. 非常不同意

19. 我觉得这种渠道的购物流程特别适合我

a. 非常同意　　b. 较同意　　c. 同意

d. 较不同意　　e. 非常不同意

20. 这种渠道的服务质量达到了我的标准

a. 非常同意　　b. 较同意　　c. 同意

d. 较不同意　　e. 非常不同意

21. 使用这种渠道能够让我更便捷地做出决策

a. 非常同意　　b. 较同意　　c. 同意
d. 较不同意　　e. 非常不同意

22. 使用这种渠道能增进我对零售商的进一步了解

a. 非常同意　　b. 较同意　　c. 同意
d. 较不同意　　e. 非常不同意

23. 使用这种渠道让我有新鲜感

a. 非常同意　　b. 较同意　　c. 同意
d. 较不同意　　e. 非常不同意

24. 使用这种渠道让我很有成就感

a. 非常同意　　b. 较同意　　c. 同意
d. 较不同意　　e. 非常不同意

25. 使用这种渠道带给我愉悦感

a. 非常同意　　b. 较同意　　c. 同意
d. 较不同意　　e. 非常不同意

26. 我愿意使用这种渠道

a. 非常同意　　b. 较同意　　c. 同意
d. 较不同意　　e. 非常不同意

27. 实体店购物是省时省力的

a. 非常同意　　b. 较同意　　c. 同意
d. 较不同意　　e. 非常不同意

28. 实体店与线上零售渠道的商品价格一致

a. 非常同意　　b. 较同意　　c. 同意
d. 较不同意　　e. 非常不同意

29. 实体店购物经历愉快

a. 非常同意　　b. 较同意　　c. 同意
d. 较不同意　　e. 非常不同意

30. 实体店与线上零售渠道提供的商品种类一致

a. 非常同意　　b. 较同意　　c. 同意
d. 较不同意　　e. 非常不同意

31. 我认为线上零售渠道发布的信息都是真实的

a. 非常同意　　b. 较同意　　c. 同意
d. 较不同意　　e. 非常不同意

32. 线上零售渠道购物能够保障我的权益不受侵害

a. 非常同意　b. 较同意　c. 同意

d. 较不同意　e. 非常不同意

33. 线上零售渠道购物是有保障的

a. 非常同意　b. 较同意　c. 同意

d. 较不同意　e. 非常不同意

34. 线上零售渠道销售的商品能够满足我的需要

a. 非常同意　b. 较同意　c. 同意

d. 较不同意　e. 非常不同意

35. 该渠道提供了我从未关注的信息

a. 非常同意　b. 较同意　c. 同意

d. 较不同意　e. 非常不同意

36. 该渠道信息与其他渠道信息观点不同

a. 非常同意　b. 较同意　c. 同意

d. 较不同意　e. 非常不同意

37. 该渠道信息改变了我对产品或者零售商的看法

a. 非常同意　b. 较同意　c. 同意

d. 较不同意　e. 非常不同意

38. 该渠道信息对我有真正的帮助

a. 非常同意　b. 较同意　c. 同意

d. 较不同意　e. 非常不同意

39. 已经搜索其他渠道，我愿意在本渠道购买的意愿

a. 非常同意　b. 较同意　c. 同意

d. 较不同意　e. 非常不同意

40. 没有搜索其他渠道，本次互动效果好，我愿意在本渠道购买的意愿

a. 非常同意　b. 较同意　c. 同意

d. 较不同意　e. 非常不同意

41. 没有搜索其他渠道，本次互动效果不好，我有在本渠道购买的意愿

a. 非常同意　b. 较同意　c. 同意

d. 较不同意　e. 非常不同意

三、基本情况

1. 您的性别

a. 男　　b. 女

2. 您的年龄

a. 15～20 岁　　b. 21～25 岁　　c. 26～30 岁

d. 31～40 岁　　e. 41～50 岁　　f. 51 岁及以上

3. 您所在的地区__________。

4. 您的学位

a. 本科以下　　b. 本科　　c. 硕士

d. 博士及博士以上

5. 您的月均收入

a. 2000 元以下　　b. 2000～3000 元　　c. 3001～5000 元

d. 5001～8000 元　　e. 8001～15000 元　　f. 15001 元以上

参考文献

[1] Al – Natour S. , Benbasat I. , Cenfetelli R. T. The Role of Design Characteristics in Shaping Perceptions of Similarity: The Case of Online Shopping Assistants [J]. Journal of the Association for Information Systems, 2006, 7 (12): 821 – 861.

[2] Alok Gupta, Bo – chiuan Su. Risk Profile and Consumer Shopping Behavior in Electronic and Traditional Channels [J]. Decision Support Systems, 2004, 38 (347): 63.

[3] Anderson M. , Sims J. , Price J. et al. Turning "like", to "bay"; Social Media Emerges as a Commerce Channel [R]. Booz, Company, 2011.

[4] Ansari A. , Mela C. F. , Neslin S. A. Customer Channel Migration [J]. Journal of Marketing Research, 2008, 45 (1): 60 – 76.

[5] Anthony J. Dukes. Channel Bargaining with Retailer Asymmetry [J]. Journal or Marketing Research, 2006, 4 (68): 84.

[6] Armstrong Hagel J. The Real Value of On – line Communities [J]. Harvard Business Review, 1996 (5): 134 – 141.

[7] Arvind Rangaswamy, Gerrit H. Van Bruggen: Opportunities and Challenges in Multichannel Marketing: An Introduction to the Special Issue [J]. Journal of Interactive Marketing, 2005, 19 (2): 5 – 11.

[8] Au Y . A. , Kauffman R. J. Should We Wait? Network Externalities, Compatibility, and Electronic Billing Adoption [J]. Journal of Management Information Systems, 2001, 18 (2): 47 – 64.

[9] A . A. Tsay, N. Agrawal. Modeling Conflict and Coordination in Multi – channel Distribution Systems: A Review [M]. Handbook of Quantitative Supply Chain Analysis: Modeling in the E – Business Era, International Series in Operations

Research and Management Science, Kluwer Academic, Boston, Mass, USA, 2004.

[10] Ba S., Stallaert J., Zhang Z. Price Competition in E – tailing under Service and Recognition Differentiation [J]. Electronic Commerce Research and Applications, 2007, 6 (3): 322 – 331.

[11] Baal S. V., Dach C. Free Riding and Customer Retention across Retailers' Channels [J]. Journal of Interactive Marketing, 2005, 19 (2): 75 – 85.

[12] Babin B., Darden W. R., Griffin M. Work and/or Fun: Measuring Hedonic and Utilitarian Shopping Value [J]. Journal of Consumer Research, 1994, 20 (4): 644 – 656.

[13] Baker J., Parasuraman A., Grewal Dhruv G., et al. The Influence of Multiple Store Environment Cues on Perceived Merchandise Value and Patronage Intentions [J]. Journal of Marketing, 2002, 66 (4): 120 – 141.

[14] Balasubramanian S., Raghunathan R., Mahajan V. Consumers in a Multichannel Environment: Product Utility, Process Utility, and Channel Choice [J]. Journal of Interactive Marketing, 2005, 19 (2): 12 – 30.

[15] Banczyk B., Kramer N. C., Senokozlieva M. "The Wurst" Meets "Fatless" in MySpace. The Relationship between Personality, Nationality and Self – presentation in an Online Community [C]. Paper Presented at the Annual Conference of the International Communication Association, Montreal, Canada, 2008.

[16] Bauer R. Consumer Behavior as Risk Taking [C] //Hancock R. S. Dynamic Marketing for a Changing World. Proceedings of the 43rd Conference of the American Marketing Association, 1960: 389 – 398.

[17] Belk R. W. Situational Variables and Consumer Behavior [J]. Journal of Consumer Research, 1975 (2): 157 – 163.

[18] Berman B., Thelen S. A. Guide to Developing and Managing a Well Integrated Multi – channel Retail Strategy [J]. International Journal of Retail, Distribution Management, 2004, 32 (3): 147 – 156.

[19] Bhatnagar A., Misra S., Rao H. R. On Risk, Convenience, and Internet Shopping Behavior [J]. Communications of the ACM, 2000, 43 (11): 98 – 105.

[20] Bhattacherjee A. Understanding Information Systems Continuance: An Expectation – confirmation Model [J]. MIS Quarterly, 2001, 25 (3): 351 – 370.

[21] Bone Paula Fitzgerald. Word – of – Mouth Effects on Short – term and Long-

term Product Judgements [J]. Journal of Business Research, 1995, 32 (3): 213 - 223.

[22] Boyd D. M., Ellison N. B. Social Network Sites: Definition, History, and Scholarship [J]. Journal of Computer Mediated Communication, 2008 (13): 210 - 230.

[23] Boyd D. Why Youth (Heart) Social Network Sites: The Role of Networked Publics in Teenage Social Life [M]. MacArthur Foundation Series on Digital Learning-Youth, Identity, and Digital Media Volume, Cambridge, MA: MIT Press, 2007.

[24] Brucks M., Zeithaml V. A., Naylor G. Price and Brand Name as Indicators of Quality Dimensions for Consumer Durables [J]. Journal of the Academy of Marketing Science, 2000, 28 (3): 359 - 374.

[25] Brynjolfsson E., Kemerer C. F. Network Externalities in Microcomputer Software: An Econometric Analysis of the Spreadsheet Market [J]. Management Science, 1996, 42 (12): 1627 - 1647.

[26] Campbell D. T. Common Fate, Similarity, and Other Indices of the Status of Aggregates of Persons as Social Entities [J]. Behavioral Science, 1958 (3): 14 - 25.

[27] Charles Steinfield. Understanding Click and Mortar E - commerce Approaches [J]. Journal of Interactive Advertising, 2002, 2 (2): 1 - 10.

[28] Chatterjee P. Multiple - channel and Cross - channel Shopping Behavior: Role of Consumer Shopping Orientations [J]. Marketing Intelligence and Planning, 2010, 28 (1): 9 - 24.

[29] Chen Xinlei. Assessing the Consequences of a Channel Switch [J]. Marketing Science, 2008, 27 (3): 398 - 416.

[30] Chen Z., Dubinsky A. J. A Conceptual Model of Perceived Customer Value in E - commerce [J]. A Preliminary Investigatiom Psychology, Marketing, 2003, 20 (4): 323 - 347.

[31] Chiang Wei - yu Kevin, Dongsong Zhang, Lina Zhou. Predicting and Explaining Patronage Behavior toward Web and Traditional Stores Using Neural Networks: A Comparative Analysis with Logistic Regression [J]. Decision Support System, 2006, 41 (2): 18.

[32] Chiu H. C., Hsieh Y. C., Roan J., et al. The Challenge for Multichannel

Services: Cross – Channel Free – Riding Behavior [J]. Electronic Commerce Research and Applications, 2010, 10 (2): 268 – 277.

[33] Choudhury V., Karahanna E. The Relative Advantage of Electronic Channels: A Multidimensional View [J]. MIS Quarterly, 2008, 32 (1): 179 – 200.

[34] Chu J., Chintagunta P., Cebollada J. A Comparison of Within – household Price Sensitivity across Online and of Fline Channels [J]. Marketing Science, 2008, 27 (2): 283 – 299.

[35] Conner K. R. Obtaining Strategic Advantage from Being Imitated: When can Encouraging Clones Pay? [J]. Management Science, 1995, 41 (2): 209 – 225.

[36] Crawford M. T., Sherman S. J., Hamilton D. L. Perceived Entitativity, Stereotype Formation, and the Interchangeability of Group Members [J]. Journal of Personality and Social Psychology, 2002, 83 (5): 1076 – 1094.

[37] C. Grönroos. Service Management and Marketing: A Customer Relationship Management Approach [M]. John Wiley and Sons., 2000.

[38] Dabholkar P. A., Bagozzi R. P. An Attitudinal Model of Technology – based Self – Service: Moderating Effects of Consumer Traits and Situational Factors [J]. Journal of the Academy of Marketing Science, 2002, 30 (3): 184 – 201.

[39] David A. Griffith, Qimei Chen, The Influence of Virtual Direct Experience (VDE) on On – line AD Message Effectiveness [J]. Journal of Advertising, 2004, 33 (1): 55 – 68.

[40] Davis F. D. Perceived Usefulness, Perceived Ease of Use, and User Acceptance of Information Technology [J]. MIS Quarterly, 1989, 13 (3): 319 – 337.

[41] De Souza Z., Dick G. N. Disclosure of Information by Children in Social Networking – Not Just a Case of "You Show Me Yours and I'll Show You Mine [J]. International Journal of Information Management, 2009, 29 (4): 255 – 261.

[42] Derbaix C. Perceived Risk and Risk Relievers: An Empirical Investigation [J]. Journal of Economic Psychology, 1983 (3): 19 – 38.

[43] Dholakia R. R., Zhao M., Dholakia N. Multichannel Retailing: A Case Study of Early Experiences [J]. Journal of Interactive Marketing, 2005, 19 (2): 63 – 74.

[44] Dholakia Utpal M., Bagozzi Richard P., Pearo Lisa Klein. A Social

Influence Model of Consumer Participation in Network and Small Group Based Virtual Communities [J]. International Journal of Research in Marketing, 2004 (21): 241 -263.

[45] Dhruv Grewal. The Effect of Store Name, Brand Name and Price Discounts on Consumers' Evaluations and Purchase Intentions [J]. Journal of Retailing, 1998, 74 (3): 331 -352.

[46] Doney P. D., Cannon J. P., et al. Understanding the Influence of National Culture on the Development of Trust [J]. Academy of Anagement Review, 1997, 23 (3): 601 -620.

[47] Eastman J., Iyer R., Randall C. Understanding Internet Shoppers: An Exploratory Study [J]. Marketing Management Journal, 2009, 19 (2): 104 -117.

[48] Ellison N., Steinfield C., Lampe C. The Benefits of Facebook "Friends" Social Capital and College Students' Use of Online Social Network Sites [J]. Journal of Computer - Mediated Communication, 2007, 12 (4): 1143 -1168.

[49] Falk T., Schepers J., Hammerschmidt M., et al. Identifying Cross - channel Dissynergies for Multichannel Service Providers [J]. Journal of Service Research, 2007, 10 (2): 143 -160.

[50] Featherman M., Pavlou P. A. Predicting E - Services Adoption: A Perceived Risk Facets Perspective [J]. International Journal of Human - Computer Studies, 2003 (59): 451 -474.

[51] Fishbein M., Ajzen I. Belief, Attitude, Intention, and Behavior: An Introduction to Theory and Research [M]. Reading MA: Addison - Wesley, 1975.

[52] Forsythe S., Liu C., Shannon D. et al. Development of a Scale to Measure the Perceived Benefits and Risks of Online Shopping [J]. Journal of Interactive Marketing, 2006, 20 (2): 55 -75.

[53] Frambach R. T., Roest H. A., Krishnan T. V. The Impact of Consumer Internet Experience on Channel Preference and Usage Intentions across the Different Stages of the Buying Process [J]. Journal of Interactive Marketing, 2007, 21 (2): 26 -41.

[54] Gefen D. E - ecommerce: The Role of Familiarity and Trust [J]. Omega, 2000, 28 (5): 725 -737.

[55] Gehrt K. C., Yan R. N. Situational, Consumer, and Retailer Factors

Affecting Internet, Catalog, and Store Shopping [J]. International Journal of Retail, Distribution Management, 2004, 32 (1): 5 – 18.

[56] Gershoff A. D., Broniarezyk S. M., West P. Recommendation or Evaluation? Task Sksensitivity in Information Source Selection [J]. Journal of Consumer Researeh, 2001, 28 (3): 418 – 435.

[57] Girard T., Korgaonkar P., Silverblatt R. Relationship of Type of Product, Shopping Orientations, and Demographics with Preference for Shopping on the Internet [J]. Journal of Business and Psychology, 2003, 18 (1): 101 – 120.

[58] Goodhue D. L., Thompson R. L. Task – technology Fit and Individual Performance [J]. MIS Quarterly, 1995, 19 (2): 213 – 236.

[59] Goodhue D. L. Understanding User Evaluations of Information Systems [J]. Management Science, 1995: 1827 – 1844.

[60] Grewal D., Janakiraman R., Kalyanam K., et al. Strategic Online and Offline Retail Pricing: A Review and Research Agenda [J]. Journal of Interactive Marketing, 2010, 24 (2): 138 – 154.

[61] Gronroos C. A Service Quality Model and Its Marketing Implication [J]. European Journal of Marketing, 1982.

[62] Gu J. C., Lee S. C., Suh Y. H. Determinants of Behavioral Intention to Mobile Banking [J]. Expert Systems with Applications, 2009, 36 (9): 11605 – 11616.

[63] Gupta A., Su B., Walter Z. An Empirical Study of Consumer Switching from Traditional to Electronic Channels: A Purchase – Decision Process Perspective [J]. International Journal of Electronic Commerce, 2004, 8 (3): 131 – 161.

[64] Hahn K. H., Kim J. The Effect of Offline Brand Trust and Perceived Internet Confidence on Online Shopping Intention in the Integrated Multi – channel Context [J]. International Journal of Retail, Distribution Management, 2009, 37 (2): 126 – 141.

[65] Holbrook M. B. Custumer Value: A Framework for Analysis and Research [J]. Advances in Consumer Research, 1996, 23 (1): 138 – 142.

[66] Holzwarth M., Janiszewski C., Neumann M. M. The Influence of Vatars on Online Consumer Shopping Behivor [J]. Journal of Marketing, 2006 (70): 19 – 36.

[67] Hong I. B. & Cho H. The Impact of Consuma – trust on Attitudinal Loyalty

and Purchase Intentions in B2C E – marketplaces: Intermediaiy Trust vs. Seller Trust [J]. International Journal of Information Managment, 2011, 31 (5): 469 – 479.

[68] Hsu Chin – Lung, Lu Hsi – Peng, Hsu Huei – Hsia. Adoption of the Mobile Internet: An Empirical Study of Multimedia Message Service (MMS) [J]. Omega: International Journal of Management Science, 2007, 35 (6): 715 – 726.

[69] Huang Yan, Harmen Oppewal. Why Consumers Hesitate to Shop Online: An Experimental Choice Analysis of Grocery Shopping and the Role of Delivery Fees [J]. International Journal of Retail and Distribution Management, 2006, 34 (5): 334 – 353.

[70] Huh Y. E., Kim S. H. Do Early Adopters Upgrade Early? Role of Post – adoption behavior in the Purchase of Next – generation Products [J]. Journal of Business Research, 2008, 61 (1): 40 – 46.

[71] Inman J. J., Shankar V., Ferraro R. The Roles of Channel – Category Associations and Geo – demographics in Channel Patronage [J]. Journal of Marketing, 2004, 68 (2): 51 – 71.

[72] Jahng J., H. Jain K. Ramamurthy. Effective Design of Electronic Commerce Environments: A Proposed Theory of Congruence and an Illustration [C]. IEEE Transactions on Systems, Man, and Cybernetics, 2000, 30 (4): 456 – 471.

[73] Jarvenpaa S. L., Todd P. A. Consumer Reactions to Electronic Shopping on the World Wide Web [J]. International Journal of Electronic Commerce, 1996, 1 (2): 59 – 81.

[74] Jasmin Baumann, Kenneth Le Meunier – Fitz Hugh. Making Value Co – creation a Reality – exploring the Co – creative Value Processes in Customer – salesperson Interaction [J]. Journal of Marketing Management, 2015 (31): 3 – 4.

[75] Johnson A. L., Queller S. The Mental Representations of High and Low Entitativity Groups [J]. Social Cognition, 2003, 21 (2): 101 – 119.

[76] Jones S., Fox S. Generations Online in 2009 [R]. PEW Internet and American Life Project, 2009.

[77] Josang A. The Consensus Operator for Combining Belief [J]. Artificial Intelligence Journal, 2002, 141 (1 – 2): 157 – 170.

[78] Julian C. Sweeney. The Role of Perceived Risk in the Quality – value Relationship: A Study in a Retail Environment [J]. Journal of Retailing, 1999, 75

(1): 77 - 105.

[79] J. S. Chiou, L. Y. Wu, S. Y. Chou. You Do the Service but They Take the Order [J]. Journal of Business Research, 2012 (65): 883 - 889.

[80] Kamvar S. D., Schlosser M. T., Garcia - Molina H. The Eigen Trust Algorithm for Reputation Management P2P Networks [C]. Proceedings of the Twelfth International World Wide Web Conference, 2003.

[81] Kardaras D. The Potential of Virtual Communities in the Insurance Industry in the UK and Greece [J]. International Journal of Information Management, 2003, 23 (1): 41 - 53.

[82] Kauffman R., Lee D., Lee J., Yoo B. A. Hybrid Firm's Pricing Strategy in Electronic Commerce under Channel Migration [J]. International Journal of Electronic Commerce, 2009, 14 (1): 11 - 54.

[83] Keller K. L. Brand Equity Management in a Multichannel, Multimedia Retail Environment [J]. Journal of Interactive Marketing, 2010, 24 (2): 58 - 70.

[84] Kenneth E. Bouliding. The Image: Knowledge in Life and Society [M]. The University of Michigan Press, 1956.

[85] Kim G., Shin B., Lee H. G. Understanding Dynamics between Initial Trust and Usage Intentions of Mobile Banking [J]. Information Systems Journal, 2009, 19 (3): 283 - 311.

[86] Kim H., Kim J., Lee Y. An Empirical Study of Use Contexts in the Mobile Internet, Focusing on the Usability of Information Architecture [J]. Information Systems Frontiers, 2005, 7 (2): 175 - 186.

[87] Kim J., Park J. A Consumer Shopping Channel Extension Model: Attitude Shift toward the Online Store [J]. Journal of Fashion Marketing and Management, 2005, 9 (1): 106 - 121.

[88] Kim S. H., Srinivasan V. A. Conjoint - Hazard: Model of the Timing of Buyers' Upgrading to Improved Versions of High - Technology Products [J]. Journal of Product Innovation Management, 2009, 26 (3): 278 - 290.

[89] Kim S. S., Son J. Y. Out of Dedication or Constraint? A Dual Model of Post-Adoption Phenomena and Its Empirical Test in the Context of Online Service [J]. MIS Quarterly, 2009, 33 (1): 49 - 70.

[90] Klang M., Olsson S. Commercializing Online Communities: From Commu-

nities to Commerce [C]. Proceedings of the 2nd International, IEC99, 1999.

[91] Kramer N. C., Winter S. Impression Management 2.0: The Relationship of Self - esteem, Extraversion, Self - efficacy, and Self - presentation within Social Networking Sites [J]. Journal of Media Psychology: Theories, Methods, and Applications, 2008, 20 (3): 106 - 116.

[92] Kuan H. H., Bock G. W. Trust Transference in Brick and Click Retailers: An Investigation of the Before - online - visit Phase [J]. Information, Management, 2007, 44 (2): 175 - 187.

[93] Kumar V., Venkatesan R. Who are the Multichannel Shoppers and How do They Perform? Correlates of Multichannel Shopping Behavior [J]. Journal of Interactive Marketing, 2005, 19 (2): 44 - 62.

[94] Kuruzovich J., Viswanathan S., Agarwal R., et al. Marketspace or Marketplace? Online Information Search and Channel Outcomes in Auto Retailing [J]. Information Systems Research, 2008, 19 (2): 182 - 201.

[95] Kwon W. S., Lennon S. J. What Induces Online Loyalty? Online Versus Offline Brand Images [J]. Journal of Business Research, 2009, 62 (5): 557 - 564.

[96] Lee I., Kim J. Use Contexts for the Mobile Internet: A Longitudinal Study Monitoring Actual Use of Mobile Internet Services [J]. International Journal of Human-Computer Interaction, 2005, 18 (3): 269 - 292.

[97] Lee K. C., Kang I., McKnight D. H. Transfer from Offline Trust to Key Online Perceptions: An Empirical Study [J]. IEEE Transactions on Engineering Management, 2007, 54 (4): 729 - 741.

[98] Lenhart A., Madden M. Social Networking Websites and Teens: An Overview [R]. PEW Internet and American Life Project, 2007.

[99] Li Honglei. Virtual Community Studies: A Literature Review, Synthesis and Research Agenda [C]. Proceedings of the America's Conference on Information Systems, New York, 2004.

[100] Lian J. W., Lin T. M. Effects of Consumer Characteristics on Their Acceptance of Online Shopping: Comparisons among Different Product Types [J]. Computers in Human Behavior, 2008, 24 (1): 48 - 65.

[101] Liu Yong, Li Hongxiu. Exploring the Impact of Use Context on Mobile Hedonic Services Adoption: An Empirical Study on Mobile Gaming in China [J].

Computers in Human Behavior, 2011, 27 (2): 890 - 898.

[102] Liu Y. Word - of - mouth for Movies: Its Dynamics and Impect on Box Office Revenue [J]. Journal of Marketing, 2006, 70 (3) 2: 74 - 89.

[103] Livingston J. A. How Valuable is a Good Reputation? A Sample Selection Model of Internet Auctions [J]. Review of Economics and Statistics, 2005, 87 (3): 453 - 465.

[104] Lu Yaobin, Yuzhi Cao, Bin Wang, Yang Shuiqing. A Study on Factors that Affect Users' Behavioral Intention to Transfer Usage from the Offline to the Online Channel [J]. Computers in Human Behavior, 2011 (27): 355 - 364.

[105] Lynch P. D., Kent R. J., Srinivasan S. S. The Global Internet Shopper: Evidence from Shopping Tasks in Twelve Countries [J]. Journal of Advertising Research, 2001, 41 (3): 15 - 23.

[106] Mahajan. The Economic Leverage of the Virtual Community [J]. International Journal of Electronic Commerce, 2001, 5 (3): 103 - 138.

[107] Mallat N., Rossi M., Tuunainen Y. K., et al. The Impact of Use Context on Mobile Services Acceptance: The Case of Mobile Ticketing [J]. Information, Management, 2009, 46 (3): 190 - 195.

[108] Marsden P. Simple Definition of Social Commerce [EB/OL]. http: //socialcoinincercetoday. coni/social - commerce - definition - word - cioud - defmitive - definition - list/, 2010 - 11 - 17/2012 - 06 - 05.

[109] Mayer R. C., Davis J. H. An Integrative Model of Organization Trust [J]. Academy of Management Review, 1995, 20 (3): 709 - 734.

[110] McAllister D. Affect - and Cogiition - based Trust as Foundations for Interpersonal Cooperationin Organizations [J]. Academy of Management Journal, 1995 (38): 24 - 59.

[111] McConnell A. R., Sherman S. J., Hamilton D. L. Target Entitativity: Implications for Information Processing about Individual and Group Targets [J]. Journal of Personality and Social Psychology, 1997 (72): 750 - 762.

[112] McKenna K. A., Bargh J. A. Plan from Cyberspace: The Implications of the Internet for Personality and Social Psychology [J]. Personality and Social Psychology, 2000, 4 (1): 57 - 75.

[113] McKnight D. H. & Chervany N. L. What Trust Means in E - commerce

Customer Relationships: An Interdisciplinary Conceptual Typology [J]. International Journal of Electronic Commerce, 2002, 6 (2): 35 - 59.

[114] McKnight D. H., Choudhury V., Kacmar C. Developing and Validating Trust Measures for E - commerce: An Integrative Typology [J]. Information Systems Research, 2002, 13 (3): 334 - 359.

[115] Melnik M. I., Aim J. Does a Seller's Ecommerce Reputation Matter? Evidence from eBay Auctions [J]. The Journal of Industrial Economics, 2002, 50 (3): 337 - 349.

[116] Michael R. Solomon, Lu Taihong. Coneumer Behavior Buying, Having, and Being, 6e [M]. Publishing House of Electronics Induetry, 2006.

[117] Michelle Bonera, Elisabetta Corvi Michelle Bonera, Elisabetta Corvi. The Relevance of Visual Merchandising for Online Retailers [J]. International Journal of Applied Behavioral Economics, 2014, 3 (4): 1 - 16.

[118] Montoya - Weiss M. M., Voss G. B., Grewal D. Determinants of Online Channel Use and Overall Satisfaction with a Relational, Multichannel Service Provider [J]. Journal of the Academy of Marketing Science, 2003, 31 (4): 448 - 458.

[119] Morgan R. M. and Hunt S. D. The Commitment - Trust Theory of Relationship Marketing [J]. Journal of Marketing, 1994, X8 (7): 20 - 38.

[120] Mukherji N., Rajagopalan B., Tanniru M. A Decision Support Model for Optimal Timing of Investments in Information Technology Upgrades [J]. Decision Support Systems, 2006, 42 (3): 1684 - 1696.

[121] Neslin S. A., Grewal D., Leghorn R., et al. Challenges and Opportunities in Multichannel Customer Management [J]. Journal of Service Research, 2006, 9 (2): 95 - 112.

[122] Neslin S. A., Shankar V. Key Issues in Multichannel Customer Management: Current Knowledge and Future Directions [J]. Journal of Interactive Marketing, 2009, 23 (1): 70 - 81.

[123] Nicholson M., Clarke I., Blakemore M. "One Brand, Three Ways to Shop": Situational Variables and Multichannel Consumer Behaviour [J]. The International Review of Retail, Distribution and Consumer Research, 2002, 12 (2): 131 - 148.

[124] Nosko A., Wood E., Molema S. All about Me: Disclosures in Online

Social Networking Profiles: The Case of Facebook [J]. Computers in Human Behavior, 2010, 26 (3): 406 – 418.

[125] O. P. Bomsel. Free – riding and Luxury Brands on the Internet [J]. International Business Research, 2014, 7 (4): 60 – 71.

[126] Papacharissi Z. The Virtual Geographies of Social Networks: A Comparative Analysis of Facebook, Linkedin and A Small World [J]. New Media, Society, 2009 (11): 199 – 220.

[127] Parasuraman . Reflections on Gaining Competitive Advantage through Customer Value [J]. Journal of the Academy of Marketing Science, 1997, 25 (2): 154 – 161.

[128] Parthasarathy M. , Bhattacherjee A. Understanding Post – adoption Behavior in the Context of Online Services [J]. Information Systems Research, 1998 (9): 362 – 379.

[129] Patwardhan P. , Ramaprasad J. A Rational Integrative Model of Online Consumer Decision Making [J]. Journal of Interactive Advertising, 2005, 6 (1): 2 – 13.

[130] Pavlou P . A. , Fygenson M. Understanding and Predicting Electronic Commerce Adoption: An Extension of the Theory of Planned Behavior [J]. Mis Quarterly, 2006, 30 (1): 115 – 143.

[131] Peijian Song, Cheng Zhang, Wenbo Chen, et al. Understanding Usage – Transfer behavior between Nonsubstitutable Technologies: Evidence from Instant Messenger and Portal [J]. Engineering Management, IEEE Transactions, 2009, 56 (3): 412 – 424.

[132] Penz E. , Hogg M. K. The Role of Mixed Emotions in Consumer Behaviour: Investigating Ambivalence in Consumers' Experiences of Approach – avoidance Conflicts in Online and Offline Settings [J]. European Journal of Marketing, 2010, 45 (1/2): 104 – 132.

[133] Perry M . , O'hara K. , Sellen A. , et al. Dealing with Mobility: Understanding Access Anytime, Anywhere [J]. ACM Transactions on Computer – Human Interaction (TOCHI), 2001, 8 (4): 323 – 347.

[134] Peterson R. A. Social Networking Sites: Their Interference on Adolescent's Friendships and Self – esteem [D]. Master Dissertation, Fairleigh Dickinson Univer-

sity, 2008.

[135] Pookulangara S . Examining Consumers ' Channel - migration Intention Utilizing Theory of Planned Behavior: A Multi - group Analysis [J]. Electronic Commerce Studies, 2010, 1 (2): 97 -116.

[136] Pui - Lai To, Chechen Liao, Tzu - Hua Lin. Shopping Motivations on Internet: A Study Based on Utilitarian and Hedonic Value [J]. Technovation, 2007, 27 (12): 774 -787.

[137] Raacke J. , Bonds - Raacke J. Myspace and Facebook: Applying Uses and Gratifications Theory to Exploring Friend - networking Sites [J]. Cyber Psychology, Behavior, 2008, 11 (2): 169 -174.

[138] Rajan Varadarajana, Raji Srinivasanb, Gautham Gopal Vadakkepatta, et al. Interactive Technologies and Retailing Strategy: A Review, Conceptual Framework and Future Research Directions [J]. Journal of Interactive Marketing, 2010 (2): 96 -110

[139] Rangaswamy A. , Van Bruggen G. H. Opportunities and Challenges in Multichannel Marketing: An Introduction to the Special Issue [J]. Journal of Interactive Marketing, 2005, 19 (2): 5 -11.

[140] Ridings C. M. , Gefen D. Arinze B. Some Antecedents and Effects of Trust in Virtual Communities [J]. Journal of Strategic Information Systems, 2002, 11 (3 -4): 271 -295.

[141] Ross C. , Orr E. S. , Sisic M. , et al. Personality and Motivations Associated with Facebook Use [J]. Computers in Human Behavior, 2009 (25): 578 -586.

[142] Ruby Roy Dholakia, Luis V. Dominguez. Special Section on Marketing Strategies and the Development Process [J]. Journal of Business Research, 1995, 32 (2): 113 -114.

[143] Sandrine Heitz - Spahn. Cross - channel Free - riding Consumer Behavior in a Multichannel Environment: An Investigation of Shopping Motives, Sociodemographics and Product Categories [J]. Journal of Retailing and Consumer Services, 2013 (7): 6.

[144] Schoenbachler D. , Gordon G. Multi - Channel Shopping: Understanding What Drives Channel Choice [J]. Journal of Consumer Marketing, 2002, 19 (1): 42 -54.

[145] Shankar V., Smith A. K., Rangaswamy A. Customer Satisfaction and Loyalty in Online and Offline Environments [J]. International Journal of Research in Marketing, 2003, 20 (2): 153 – 175.

[146] Shankar V., Venkatesh A., Hofacker C., et al. Mobile Marketing in the Retailing Environment: Current Insights and Future Research Avenues [J]. Journal of Interactive Marketing, 2010, 24 (2): 111 – 120.

[147] Sharma A., Mehrotra A. Choosing an Optimal Channel Mix in Multichannel Environments [J]. Industrial Marketing Management, 2007, 36 (1): 21 – 28.

[148] Sheth J. N., Newman B. I., Gross B. L. Why We Buy What We Buy: Theory of Consumption Values [J]. Journal of Business Research, 1991, 22 (2): 159 – 170.

[149] Shine B. C., Park J., Wyer Jr. R. S. Brand Synergy Effects in Multiple Brand Extensions [J]. Journal of Marketing Research, 2007, 44 (4): 663 – 670.

[150] Singley R. B., Williams M. Free Riding in Retail Stores: An Investigation of Its Perceived Prevalence and Costs [J]. Marketing Theory Practice, 1995, 3 (2): 64 – 74.

[151] Smith D., Menon S. & Sivakumar. Online Peer and Editorial Recommendations, Trust, and Choice in Virtual Markets [J]. Journal of Interactive Marketing, 2005, 19 (3): 15 – 37.

[152] Song P., Zhang C., Xu Y. C., et al. Brand Extension of Online Technology Products: Evidence from Search Engine to Virtual Communities and Online News [J]. Decision Support Systems, 2010, 49 (1): 91 – 99.

[153] Sotgiu F., Ancarani F. Exploiting the Opportunities of Internet and Multichannel Pricing: An Exploratory Research [J]. Journal of Product and Brand Management, 2004, 13 (2): 125 – 136.

[154] Steinfield C., Ellison N. B., Lampe C. Social Capital, Self – esteem, and Use of Online.

[155] Stewart K. J. Trust Transfer on the World Wide Web [J]. Organization Science, 2003, 14 (1): 5 – 17.

[156] Stone H., Hobbs M., Khaleeli M. Multichannel Customer Management: The Benefits and Challenges [J]. Journal of Database Management, 2002, 10 (1): 39 – 52.

[157] Strader, Troy J. Shaw, Michahael J. Consumer Cost Differences for Traditional and Internet Markets [J]. Internet Research, 1999 (9): 82 – 92.

[158] Subrahmanyam K., Greenfield P. M. Virtual Worlds in Development: Implications of Social Networking Sites [J]. Journal of Applied Developmental Psychology, 2008, 29 (6): 417 – 419.

[159] Sullivan U., Thomas J. Customer Migration: An Empirical Investigation across Multiple Channels [D]. Arbeitspapier, Northwestern University, 2004.

[160] Suntornpithug N., Khamalah J. Machine and Person Interactivity: The Driving Forces behind Influences on Consumers' Willingness to Purchase Online [J]. Journal of Electronic Commerce Research, 2010, 11 (4): 299 – 325.

[161] Swaminathan J. M., Tayur S. R. Models for Supply Chains in E – business [J]. Management Science, 2003, 49 (10): 1387 – 1406.

[162] Swaminathan V., Fox R. J., Reddy S. K. The Impact of Brand Extension Introduction on Choice [J]. The Journal of Marketing, 2001, 65 (4): 1 – 15.

[163] Sweeney J. C., Soutar G. N. Consumer Perceived Value: The Development of a Multiple Item Scale [J]. Journal of Retailing, 2001, 77 (2): 203 – 220.

[164] Taylor S., Todd P. A. Understanding Information Technology Usage: A Test of Competing Models [J]. Information Systems Research, 1995, 6 (2): 144 – 176.

[165] Taylor S. L. Cosenza R. M. The Impact of E – commerce on the Merchandising of Women's Clothing in Traditional Shopping Centers/Malls [J]. Journal of Shopping Center Research, 2000, 7 (2): 46 – 66.

[166] Telser L. Why should Manufactures Want Fair Trade [J]. Journal of Law Economics, 1960, 3 (2): 86 – 105.

[167] Teltzrow M., Meyer B., Lenz H. J. Multi – channel Consumer Perceptions [J]. Journal of Electronic Commerce Research, 2007, 8 (1): 18 – 31.

[168] Thomas J. S., Sullivan U. Y. Managing Marketing Communication Swith Multichannel Customers [J]. Journal of Marketing, 2005, 69 (4): 239 – 251.

[169] Thorson K. S., Rodgers S. Relationships between Blogs as eWOM and Interactivity, Perceived Interactivity, and Parasocial Interaction [J]. Journal of Interactive Advertising, 2006, 6 (2): 34 – 44.

[170] Tibert Verhagen, Willemijn M. van Dolen. Online Purchase Intentions: A

Multi – channel Store Image Perspective [J]. Information, Management, 2009, 46 (2): 77 – 82.

[171] Tina J. Jayroe, Dietmar Wolfram. Internet Searching, Tablet Technology and Older Adults [J]. Proc. Am. Soc. Info. Sci. Tech., 2013, 49 (1).

[172] Tobias Kollmann, Andreas Kuckertz, Ina Kayser. Cannibalization or Synergy? Consumers' Channel Selection in Online – Offline Multichannel Systems [J]. Journal of Retailing and Consumer Services, 2012, 19 (2): 186 – 194.

[173] Tseng K. J., Hsieh J. K. The Challenge for Multichannel Services: Cross-channel Free – riding Behavior [J]. Electronic Commerce Research and Applications, 2011, 10 (2): 268 – 277.

[174] Tu C. On – line Learning Migration: From Social Learning Theory to Social Presence Theory in CMC Environment [J]. Journal of Network and Computer Applications, 2000, 23 (1): 27 – 37.

[175] Van Baal S., Dach C. Free Riding and Customer Retention across Retailers' Channels [J]. Journal of Interactive Marketing, 2005, 19 (2): 75 – 85.

[176] Van Birgelen M., De Jong A. De Ruyter K. Multi – channel Service Retailing: The Effects of Channel Performance Satisfaction on Behavioral Intentions [J]. Journal of Retailing, 2006, 82 (4): 367 – 377.

[177] Van Nierop J. E. M., P. S. H. Leeflanga, et al. The Impact of the Introduction and Use of an Informational Website on Offline Customer Buying Behavior [J]. International Journal of Research in Marketing, 2011, 28 (2): 155 – 165.

[178] Vazire S., Gosling S. D. E – Perceptions Personality Impressions based on Personal Websites [J]. Journal of Personality and Social Psychology, 2004, 87 (1): 123 – 132.

[179] Venkatesan R., Kumar V., Bohling T. Optimal CRM Using Bayesian Decision Theory: An Application for Customer Selection [J]. Journal of Marketing Research, 2007, 44 (4): 579 – 594.

[180] Verhoef Peter C., Scott A. Neslin, Björn Vroomen. Multichannel Customer Management: Understanding the Research – Shopper Phenomenon [J]. International Journal of Research in Marketing, 2007, 24 (2): 129 – 148.

[181] Verkasalo H. Contextual Patterns in Mobile Service Usage [J]. Personal and Ubiquitous Computing, 2009, 13 (5): 331 – 342.

[182] Vranesevic T., Stancec R. The Effect of the Brand on Perceived Quality of Food Product [J]. British Food Journal, 2003, 105 (11): 811 – 825.

[183] Wallace D. W., Giese J. L., Johnson J. L. Customer Retailer Loyalty in the Context of Multiple Channel Strategies [J]. Journal of Retailing, 2004, 80 (4): 249 – 263.

[184] Waller D., Bachmann E. R. The Border Line of Science: On the Value off Actor Analysis for Understanding Presence [J]. Tele – operators and Virtual Environments, 2006, 15 (2): 235 – 244.

[185] Wang A. When Synergy in Marketing Communication Online Enhances Audience Response: The Effects of Varying Advertising and Product Publicity Messages [J]. Journal of Advertising Research, 2006 (6): 160 – 170.

[186] Wang Chih – Chien, Lo Shao – Kang et al. Extending the Technology Acceptance Model to Mobile Telecommunication Innovation: The Existence of Network Externalities [J]. Journal of Consumer Behaviour, 2008, 13 (2): 101 – 110.

[187] Wang N., Shen X. L., Sun Y. Q. Transition of Electronic Word of Mouth Service from Web to Mobile Context: A Trust Transfer Perspective [J]. Decision Support Systems, 2013.

[188] Wang Peiling, Hawk W. B., Tenopir C. Users Interaction with World Wide Web Resources: An Exploratory Study Using a Holistic Approach [J]. Information Processing, Management, 2000, 36 (2): 229 – 251.

[189] Wang S., Beatty S., Mothersbaugh D. Congruity's Role in Web Site Attitude Formation [J]. Journal of Business Research, 2009, 62 (6): 609 – 616.

[190] Wang Y. C., Fesenmaier D. R. Defining the Virtual Tourist Community: Implications for Tourism Marketing [J]. Tourism Management, 2002 (23): 407 – 417.

[191] Wang Y. J., Hernandez M. D., Minor M. S. Web Aesthetics Effects on Perceived Online Service Quality and Satisfaction in an E – tail Environment: The Moderating Role of Purchase Task [J]. Journal of Business Research, 2009, 63 (9 – 10): 935 – 942.

[192] Webster J., Trevino L. K., Ryan L. The Dimensionality and Correlates of Flow in Human – computer Interactions [J]. Computers in Human Behavior, 1993, (9): 411 – 426.

[193] Weon – Sang Yoo, Yunjung Lee, JungKun Park. The Role of Interactivity in E – tailing: Creating Value and Increasing Satisfaction [J]. Journal of Retailing and Consumer Services, 2009, 17 (2): 89 – 96.

[194] Wi – Suk Kwon, Sharron J. Lennon. Reciprocal Effects between Multichannel Retailers' Offline and Online Brand Images [J]. Journal of Retailing, 2009, 85 (3): 376 – 390.

[195] Wolfinbarger M., Gilly M. C. Shopping Online for Freedom, Control, and Fun [J]. California Management Review, 2001, 43 (2): 34 – 55.

[196] Wood S. L. Future Fantasies: A Social Change Perspective of Retailing in the 21st Century [J]. Journal of Retailing, 2002, 78 (1): 77 – 83.

[197] Woodruff R. Customer Value: The Next Source for Competitive Advantage [J]. Journal of the Academy of Marketing Science, 1997, 25 (2): 139 – 153.

[198] Wu J., Rangaswamy A. A Fuzzy Set of Search and Consideration with an Application to an Online Market [J]. Marketing Science, 2003, 22 (3): 441 – 434.

[199] Yang Q., Huang L., Xu Y. Role of Trust Transferine – commerce Acceptance [J]. Tsinghua Science and Technology, 2008, 13 (3): 279 – 286.

[200] Yang S., Y. Lu, L. Zhao. Empirical Investigation of Customers' Channel Extension Behavior: Perceptions Shift toward the Online Channel [J]. Computers in Human Behavior, 2011, (27): 1688 – 1696.

[201] Ye C., Potter R. The Role of Habit in Post – Adoption Switching of Personal Information Technologies: A Push, Pull and Mooring Model [J]. DIGIT 2007 Proceedings, 2007.

[202] Yi M. Y., Fiedler K. D., Park J. S. Understanding the Role of Individual Innovativeness in the Acceptance of IT – Based Innovations: Comparative Analyses of Models and Measures [J]. Decision Sciences, 2006, 37 (3): 393 – 426.

[203] Yong – Chan Kim, Joo – Young Jung, Sandra J. Ball – Rokeach, Ethnicity, Place, and Communication Technology: Effects of Ethnicity on Multi – dimensional Internet Connectedness [J]. Information Technology & People, 2007, 20 (3): 282 – 304.

[204] Yongmei Liu, Chunjie Ding, Chen Fan, Xiaohong Chen. Pricing Decision under Dual – Channel Structure Considering Fairness and Free – Riding Behavior [J]. Discrete Dynamics in Nature and Society, 2014, Vol. 2014, Article ID 536576,

10 Pages.

[205] Zanna . The Social Influence of Brand Community: Evidence from European Car Clubs [J]. Journal of Marketing, 1989 (69): 19 – 34.

[206] Zeithaml V. A. , Berry L. L. , Parasuraman A. The Behavioral Consequences of Service Quality [J]. Journal of Marketing, 1996 (60): 31 – 46.

[207] Zeithaml V. A. Consumer Perceptions of Price, Quality, and Value: A Means – end Model and Synthesis of Evidence [J]. Journal of Marketing, 1988, 52 (7): 2 – 22.

[208] Zhang J. , Farris P. , Kushwaha T. et al. Crafting Integrated Multichannel Retailing Strategies [J]. Journal of Interactive Marketing, 2010, 24 (2): 168 – 180.

[209] Zhao S. , Grasmuck S. , Martin J. Identity Construction on Facebook: Digital Empowerment in Anchored Relationships [J]. Computers in Human Behavior, 2008, 24 (5): 1816 – 1836.

[210] Zhe Qu, Youwei Wang, Shan Wang, et al. Implications of Online Activities for E – tailers' Business Performance [J]. European Journal of Marketing, Forthcoming, 2013.

[211] Zwass V. Electronic Commerce: Structures and Issues [J]. International Journal of Electronic Commerce, 1996, 1 (1): 3 – 23.

[212] 毕达天. B2C 电子商务企业—客户间互动对客户体验影响研究[D]. 长春：吉林大学，2014.

[213] 曹维. 基于虚拟社区的关系型互动对网络购物影响的研究[D]. 杭州：浙江大学，2007.

[214] 陈蓓蕾. 基于网络和信任理论的消费者在线口碑传播实证研究[D]. 杭州：浙江大学，2008.

[215] 程振宇. 社交网络下网络互动对购买意愿影响及信任保障机制研究[D]. 北京：北京邮电大学，2013.

[216] 丁正平，刘业政. 存在搭便车时双渠道供应链的收益共享契约[J]. 系统工程学报，2013，6 (28)：370 – 376.

[217] 董胜全. 基于互联网的软件感知价值对使用意愿影响的实证研究[D]. 南京：南京大学，2011.

[218] 董铁牛，杨乃定，姜继娇. 消费者网上购物行为的实证研究[J]. 工业工程与管理，2007 (6)：77 – 82.

[219] 范晓屏. 基于虚拟社区的网络互动对网络购买行为的影响研究[D]. 杭州：浙江大学，2007.

[220] 郭国庆，孙乃娟. 新进入者调适中介下感知互动类型对体验价值影响的实证研究[J]. 管理评论，2012（12）：72-83.

[221] 郭燕，周梅华，吕雪晴. 消费者的行为分析与调控策略——基于产品类别视角[J]. 中国流通经济，2014（5）：112-116.

[222] 郭燕，周梅华. 消费者跨渠道购买行为研究评述与展望[J]. 技术经济与管理研究，2014（8）：55-58.

[223] 黄海涛. 互动营销在微博广告中的应用[D]. 成都：西南交通大学，2012.

[224] 黄浩，刘鲁，王建军. 基于TAM的移动内容服务采纳分析[J]. 南开管理评论，2008（6）：42-47.

[225] 姜参，赵宏霞，孟雷. B2C网络购物在线互动与消费者冲动性购买行为研究[J]. 经济问题探索，2014（5）：64-73.

[226] 蒋侃：基于理性和体验的B2C多渠道消费行为研究[D]. 武汉：华中科技大学，2009.

[227] 蒋婷. 体验视角下顾客间互动对再惠顾意愿的影响研究[D]. 济南：山东大学，2012.

[228] 雷星晖，张伟. 电子商务平台顾客感知价值对购买行为及企业未来销售的影响[J]. 上海管理科学，2012（4）：27-33.

[229] 李雪欣，王迪，叶乔伊. 基于SSTs情境的服务质量、顾客满意与渠道迁移关系研究综述[J]. 辽宁大学学报（哲学社会科学版），2014（5）：117-123.

[230] 刘升福. 企业渠道转换决策研究[J]. 商业时代，2007（30）：33-55.

[231] 刘升福. 企业营销渠道转换动因分析[J]. 商业时代，2009（23）：32-33.

[232] 刘升福. 渠道转换中的风险控制[J]. 现代企业，2009（11）：7-9.

[233] 鲁耀斌，邓朝华，陈致豫. 移动商务的应用模式与采纳研究 [M]. 北京：北京科学出版社，2008.

[234] 邵兵家，高志欣，师蕾. 消费者社交网站购物态度影响因素的实证研究[J]. 情报杂志，2010，29（8）：203-206.

[235] 唐嘉庚．互动性对B2C环境下信任及购买行为倾向影响研究[D]．上海：复旦大学，2006.

[236] 涂红伟，贾雷，周星．消费者渠道迁徙行为的定义及其结构维度[J]．现代管理科学，2011（10）：99－102.

[237] 涂红伟，严鸣．国外消费者意见领袖研究述评与展望[J]．外国经济与管理，2014（5）：32－39.

[238] 涂红伟，严鸣．消费者渠道搭便车行为影响因素的研究：体验学习视角[J]．经济经纬，2014（2）：86－91.

[239] 涂红伟，杨爽，周星．自我效能感对渠道转换行为的作用机制——转换成本的中介作用[J]．消费经济，2013（2）：36－40.

[240] 涂红伟，周星．产品价格与消费者渠道迁徙路径之间的关系研究[J]．现代管理科学，2012（12）：18－21.

[241] 涂红伟，周星．消费者渠道迁移行为研究评介与展望[J]．外国经济与管理，2011，6（33）：42－48.

[242] 万映红，程佳．对不同类型顾客忠诚意愿的影响因素及其强度差异研究[J]．管理学报，2009（12）：1670－1676.

[243] 万映红，李江，崔亮亮．银行互动渠道的顾客价值维度差异性分析[J]．预测，2006（1）：42－46.

[244] 万映红，申杨．影响顾客保持意愿的前置因素及关系研究[J]．预测，2007（6）：69－75.

[245] 汪旭晖，徐健．在华跨国零售企业店铺形象维度与顾客忠诚关系的实证研究——异业态的比较分析[J]．北京工商大学学报，2010（2）：17－27.

[246] 王珂：媒介的互动传播方式与特征研究[D]．杭州：浙江大学，2008.

[247] 王全胜，韩顺平，陈传明．西方消费者渠道选择行为研究评析[J]．南京社会科学，2009（7）：32－36.

[248] 王亚卓．双渠道顾客消费行为研究[D]．济南：山东大学，2011.

[249] 魏守波，程岩．虚拟氛围对在线消费者冲动购买意向影响的实证研究[J]．系统工程学报，2012（4）：531－539.

[250] 吴泗宗，苏靖，吴泗宗，苏靖．消费者渠道选择意愿形成机制研究[J]．当代财经，2012（1）：75－83.

[251] 闫玮．基于跨渠道购买的消费者购买转移行为分析[J]．商业时代，2014（3）：14－15.

[252] 杨水清. 基于消费者视角的渠道扩展与选择行为研究[D]. 武汉：华中科技大学，2012.

[253] 杨宜苗. 店铺形象对顾客感知价值与交叉购买意愿的影响研究[D]. 大连：东北财经大学，2009.

[254] 杨宜苗. 零售店铺形象的量表设计——从百货商店、超级市场和购物中心的角度[J]. 北京工商大学学报，2010（1）：23-26.

[255] 杨毅. 互联网渠道顾客感知价值研究[D]. 大连：大连理工大学，2007.

[256] 银成钺，杨雪，王影. 基于关键事件技术的服务业顾客间互动行为研究[J]. 预测，2010（1）：15-20.

[257] 赵宏霞，才智慧，何珊. 基于虚拟触觉视角的在线商品展示、在线互动与冲动性购买研究[J]. 管理学报，2014（1）：133-141.

[258] 赵宏霞，王新海，周宝刚. B2C 网络购物中在线互动及临场感与消费者信任研究[J]. 管理评论，2015（2）：43-54.

[259] 赵晓煜，曹忠鹏，李慢. 购物网站中的社会线索与顾客行为意向的关系研究[C]. 第五届（2010）中国管理学年会——市场营销分会场论文集，1994~2014.

[260] 周飞. 顾客互动与渠道协同绩效的关系研究[D]. 广州：华南理工大学，2013.

[261] 周浩，龙立荣. 共同方法偏差的统计检验与控制方法[J]. 心理科学进展，2004，12（6）：942-950.

[262] 朱芸. 病毒式营销与在线消费者品牌忠诚的建立[J]. 重庆第二师范学院学报，2013，26（3）：63-65.

[263] 庄贵军，李苗，沈璐，郭茹. 网络交互技术的采用及对企业与顾客交互的影响——基于5家企业的案例分析[J]. 财贸研究，2013（3）：1-11.

[264] 庄贵军，廖貅武，张绪兵等. 企业的交互能力与交互策略：基于网络交互技术的一个研究框架[J]. 营销科学学报，2012（4）：59-70.